Lernkrimi Italienisch

Die Maske des Schreckens

Story: Marc Hillefeld
Übersetzung: Alessandra Matthaes

Compact Verlag

Bisher sind in dieser Reihe erschienen:
- Compact Lernkrimi Englisch:
  Grundwortschatz, Aufbauwortschatz, Grammatik, Konversation
- Compact Lernkrimi Englisch GB/US: Grammatik, Konversation
- Compact Lernkrimi Business English: Wortschatz, Konversation
- Compact Lernkrimi Französisch:
  Grundwortschatz, Aufbauwortschatz, Grammatik, Konversation
- Compact Lernkrimi Italienisch:
  Grundwortschatz, Aufbauwortschatz, Grammatik, Konversation
- Compact Lernkrimi Spanisch:
  Grundwortschatz, Aufbauwortschatz, Grammatik, Konversation
- Compact Lernkrimi Deutsch: Grundwortschatz, Grammatik

In der Reihe Schüler-Lernkrimi sind erschienen:
- Compact Schüler-Lernkrimi Englisch
- Compact Schüler-Lernkrimi Französisch
- Compact Schüler-Lernkrimi Spanisch
- Compact Schüler-Lernkrimi Latein
- Compact Schüler-Lernkrimi Deutsch: Grammatik, Aufsatz
- Compact Schüler-Lernkrimi Mathematik

In der Reihe Lernthriller sind erschienen:
- Compact Lernthriller Englisch:
  Grundwortschatz, Aufbauwortschatz, Grammatik, Konversation

In der Reihe Lernstory Mystery sind erschienen:
- Compact Lernstory Mystery Englisch:
  Grundwortschatz, Aufbauwortschatz

Weitere Titel sind in Vorbereitung.

Chefredaktion: Dr. Angela Sendlinger
Redaktion: Grit Sperlich
Fachredaktion und Organisation: mazzetti & mazzetti GmbH
Produktion: Wolfram Friedrich
Titelillustration: Karl Knospe
Typographischer Entwurf: Maria Seidel
Umschlaggestaltung: Carsten Abelbeck

ISBN-13: 978-3-8174-7417-2
ISBN-10: 3-8174-7417-2
7274176

Besuchen Sie uns im Internet: www.compactverlag.de

Vorwort

Mit dem neuen, spannenden Compact Lernkrimi können Sie Ihre Italienischkenntnisse auf schnelle und einfache Weise vertiefen, auffrischen und überprüfen.
Kommissarin Rosa Nicoletti erleichtert das Sprachtraining mit Action und Humor. Sie und ihre mysteriösen Kriminalfälle stehen im Mittelpunkt einer zusammenhängenden Story.
Der Krimi wird auf jeder Seite durch abwechslungsreiche und kurzweilige Übungen ergänzt, die das Lernen unterhaltsam und spannend machen.
Prüfen Sie Ihr Italienisch in Lückentexten, Zuordnungs- und Übersetzungsaufgaben, in Buchstabenspielen und Kreuzworträtseln!
Ob im Bus oder in der Bahn, im Wartezimmer, zu Hause oder in der Mittagspause – das Sprachtraining im handlichen Format bietet die ideale Trainingsmöglichkeit für zwischendurch.
Schreiben Sie die Lösungen einfach ins Buch!
Die richtigen Antworten sind in einem eigenen Lösungsteil zusammengefasst.

Und nun kann die Spannung beginnen …

Viel Spaß und Erfolg!

Inhalt

Story

Kommissarin Rosa Nicoletti ist in Venedig eine von allen Verbrechern gefürchtete Kriminalistin. Sie wird von der Polizei immer dann eingesetzt, wenn alle anderen vor unlösbaren Rätseln stehen und Verbrecher ihr undurchsichtiges Spiel treiben.
Venedig zur Karnevalszeit ist ein Ort voller Geheimnisse. Das muss auch Kommissarin Nicoletti feststellen, die ausgerechnet in dieser fünften Jahreszeit eine Reihe von seltsamen Diebstählen aufklären muss. Zusammen mit ihrem unfreiwilligen Kollegen Dottore Lombardo, wird die junge Kommissarin durch die Lagunenstadt gehetzt. Ziel ihrer Jagd ist der Mann mit der roten Maske ...
Was hat es mit dem geheimnisvollen alten Mann auf sich, der hinter der Formel des ewigen Lebens her ist? Kann es sein, dass der mysteriöse Widersacher mit der roten Maske tatsächlich jener geheimnisvolle Graf Cagliostro ist, der schon vor Jahrhunderten Venedig unsicher machte?
Kommissarin Nicoletti und Dottore Lombardo kommen einem Geheimnis auf die Spur, das noch unglaublicher ist, als sie jemals gedacht hätten ...

La maschera del terrore

Umberto aprì il thermos e versò un po' di caffè in un bicchiere di plastica. Poi tirò fuori dalla borsa un panino incartato. Lo scartò con un sospiro.

Era un panino con salame e pomodoro.

Umberto bevve un sorso di caffè bollente e sospirò di nuovo.

Da vent'anni lavorava come guardiano notturno alla galleria Franchetti. E da vent'anni ogni sera sua moglie gli preparava lo stesso panino. Salame e pomodoro.

Übung 1: Finden Sie das passende Gegenteil!

ÜBUNG 1 !

1. aprire	☐	a) freddo
2. bollente	☐	b) notturno
3. mettere dentro	☐	c) chiudere
4. diurno	☐	d) gelato
5. caldo	☐	e) scuro
6. giorno	☐	f) fine
7. inizio	☐	g) tirare fuori
8. chiaro	☐	h) notte

Non poteva farsi venire in mente qualcos'altro? Almeno una volta? Pazienza, pensò Umberto e addentò il panino.

Masticando senza fare troppo rumore, richiuse il thermos e rimise il panino in borsa.

Al museo era vietato bere o mangiare e la regola valeva anche per il guardiano notturno.

Übung 2: Fügen Sie die folgenden Wörter in die passenden Lücken ein!
(a) sicurezza, b) ora, c) impianto, d) quadri, e) milioni, f) burro, g) dubbio, h) orologio)

Qui, nella galleria più moderna di Venezia, non c'erano solo (1.) __________ antichi e preziosi. Il Museo ospitava anche oggetti del Museo Archeologico e delle Gallerie dell'Accademia. Guai se, per esempio, avesse macchiato con le mani unte di (2.) __________ e salame la "Venere allo specchio" di Tiziano. Umberto diede un'occhiata all' (3.) __________. Mancavano tre minuti alle tre. Era (4.) __________ di fare un altro giro.
Prese la lampada tascabile e si avviò. Chiaramente la galleria aveva un (5.) __________ antifurto modernissimo, ma in caso di (6.) __________, era sempre meglio garantire maggiore (7.) __________ con la presenza di un guardiano notturno. Dopotutto gli oggetti esposti valevano (8.) __________.

Come sempre l'edificio era avvolto nel silenzio. Di giorno, quando i turisti affollavano i corridoi, c'era un continuo vocio. Di notte, invece, regnava una pace meravigliosa.
L'atmosfera giusta per ammirare gli antichi dipinti. Umberto fece scivolare il raggio di luce sui quadri: mostravano donne prosperose in pose seducenti, dogi e studiosi famosi.
Qualche volta si aveva una sensazione di disagio perché le persone ritratte erano dipinte in modo tale che sembravano seguire l'osservatore con lo sguardo.

Übung 3: Schreiben Sie die folgenden Zeitangaben in Ziffern!

1. Sono le otto e dieci. ______
2. Mancano due minuti alle tre. ______
3. È mezzogiorno. ______
4. Sono le due e tre quarti. ______
5. Sono le cinque e mezzo. ______
6. Sono le sette meno un quarto. ______
7. Sono le nove in punto. ______

La luce della lampada tascabile illuminò la "Venere allo specchio" di Tiziano.
"Ciao, amore", disse Umberto e sorrise alla Venere dipinta. Nel corso degli anni aveva preso l'abitudine di parlare ogni tanto con i quadri. Per fortuna non lo sentiva nessuno, altrimenti sarebbe stato preso per pazzo.
Le notti al museo potevano essere molto lunghe e noiose. E parlare con i dipinti era sempre meglio che parlare con se stessi.
Con il vantaggio che le donne nei quadri non lo contraddicevano. Mentre la moglie a casa ...
Umberto aveva quasi finito il suo giro quando sentì un rumore. Come se qualcosa graffiasse un vetro.
Umberto fece scivolare il raggio di luce della torcia verso il buio. Il rumore proveniva da un'altra parte del museo. Dall'ala ovest, dove erano esposti oggetti storici della Venezia antica. Soprattutto gioielli e oggetti stupendi d'uso comune appartenenti ai dogi, gli antichi signori di Venezia.

ÜBUNG 4!

Übung 4: Welches Wort passt inhaltlich nicht zu den anderen? Unterstreichen Sie das „schwarze Schaf“!

1. a) quadro, b) dipinto, c) tenda
2. a) museo, b) ingresso, c) galleria
3. a) casa, b) scala, c) edificio
4. a) persone, b) fratelli, c) gente
5. a) mai, b) qualche volta, c) ogni tanto
6. a) lampada tascabile, b) torcia elettrica, c) lampione
7. a) meraviglioso, b) bellissimo, c) costoso
8. a) vecchio, b) prezioso, c) antico

“C’è qualcuno?” gridò Umberto verso il buio.

Nessuna risposta.

Esitando, Umberto si mosse. Probabilmente si era sbagliato.

Forse qualcuno aveva lasciato aperta una finestra che ora cigolava sui cardini.

Oppure era stato un topo. Dopotutto Venezia si trovava su una laguna e di ratti ce n’erano parecchi. Vivevano benissimo nei canali e sotto le case della città.

Già l’anno scorso un topo era entrato in un tubo di scarico e aveva attivato un allarme dopo l’altro al museo.

Per quanto moderni, gli impianti antifurto non erano in grado di distinguere un topo impaurito da un ladro d’oggetti d’arte. Umberto era lì anche per questo.

Il guardiano notturno si era ormai convinto di avere a che fare ancora una volta con un topo.

Umberto si diresse verso una cassettina sulla parete del corridoio. Tirò fuori una chiave dalla tasca e aprì la cassetta. Al suo interno c’era l’interruttore principale dell’impianto antifurto.

Umberto lo disattivò prima che quello stupido topo finisse con lo scatenare l'allarme.
Altrimenti il museo si sarebbe riempito di poliziotti e io avrei dovuto passare il resto della notte a riempire moduli, pensò.

Übung 5: Welche Übersetzung stimmt?

ÜBUNG 5 !

1. vor allem
   - ☐ a) generalmente
   - ☐ b) soprattutto
   - ☐ c) di solito
2. sich irren
   - ☐ a) sbagliarsi
   - ☐ b) girare
   - ☐ c) sbadigliare
3. dumm
   - ☐ a) stupido
   - ☐ b) facile
   - ☐ c) veloce
4. komisch
   - ☐ a) strano
   - ☐ b) comico
   - ☐ c) allegro
5. überlegen
   - ☐ a) capire
   - ☐ b) ricordare
   - ☐ c) riflettere

La piccola lampada verde dell'interruttore principale si spense. Al suo posto se ne accese una rossa. Il sistema d'allarme non era più in funzione.
Umberto entrò nella sala d'esposizione. Non doveva assolutamente dimenticare di riattivare l'allarme dopo aver trovato quel dannato topo.

La luce della torcia illuminò la sala. Non si vedeva niente, solo le vetrine erano illuminate chiaramente.
Umberto continuò a far girare il raggio di luce nella stanza.

ÜBUNG 6 !

Übung 6: Ordnen Sie die Buchstaben zu sinnvollen Wörtern!

Improvvisamente si fermò. (1. taDivan) ___________ a lui si trovava una vetrina in cui era esposta una scatolina finemente lavorata. Alla luce della lampada tascabile aveva (2. flirisse) ___________ dorati.
Si (3. vatratta) ___________ di un oggetto esposto da poco al museo e Umberto dovette prima (4. rgelege) ___________ il cartellino illustrativo. "Scatola per polvere, sec. XVII", diceva il cartellino, "probabilmente dell'alchimista Cagliostro".
Umberto dovette riflettere brevemente. Per quel che ne (5. pavesa) ___________, Cagliostro era un ciarlatano che girava per l'Europa nel diciassettesimo (6. solceo) ___________. Vendeva alla gente credulona ogni genere di rimedi miracolosi e per questo era finito in (7. goprinie) ___________.

Il motivo per cui Umberto si era fermato, però, era un altro.
Un graffio profondo sul lato della vetrina.
Qualcuno aveva cercato di aprirla.
"Allora non era un topo!" mormorò Umberto spaventato.
"Mi offenderei se mi chiamasse così, signore!"
Umberto si girò.
La luce della torcia elettrica cadde su un uomo alto che indossava un mantello rosso scuro e una maschera di carnevale dello stesso colore.

Il cuore di Umberto batteva all'impazzata.
"Lei chi è?" chiese. "E che significa questo travestimento? È forse uno scherzo?"
"Niente affatto", rispose l'uomo con la maschera. Alla luce della torcia la maschera aveva riflessi rosso sangue. Sembrava di porcellana, come molte delle tradizionali maschere di carnevale veneziane. Aveva gli angoli della bocca leggermente all'ingiù e dava a colui che la portava un aspetto un poco malinconico.

Übung 7: Welche Farbe passt zu welchem Substantiv?

1. ciliegia	☐	a) grigio	5. latte	☐	e) castano
2. prato	☐	b) rosso	6. banana	☐	f) bianco
3. mare	☐	c) nero	7. topo	☐	g) azzurro
4. capelli	☐	d) giallo	8. asfalto	☐	h) verde

"Purtroppo mi ha disturbato mentre lavoravo. Perché non continua a mangiare il suo panino e mi lascia finire il lavoro iniziato? Poi me ne andrò subito!" disse l'uomo mascherato a voce bassa.
Era strano sentirlo parlare senza che la falsa bocca si muovesse.
"Andrai subito in prigione!" gridò Umberto cercando di prendere la pistola che teneva alla cintura.
In vent'anni di servizio non l'aveva usata nemmeno una volta. Certo che neanche ora aveva intenzione di uccidere quel pazzo. Voleva solo tenerlo a bada con l'arma e chiamare intanto la polizia.
Sua moglie sarebbe stata orgogliosa di lui, pensò.

Übung 8: Übersetzen Sie folgende Sätze!

1. Leider habe ich den Krimi nicht gelesen.

2. Ich fühle mich nicht wohl hier.

3. Ganz und gar nicht! Ich habe den Schmuck nicht gestohlen!

4. Er hatte nicht vor, das Museum zu verlassen.

5. Der Museumsdirektor war stolz auf seinen Nachtwächter.

6. Die Polizei sucht weiter nach dem Mörder.

7. Im letzten Jahr war ich kein einziges Mal im Kino.

Ma lo sconosciuto mascherato lo precedette. Molto velocemente tirò fuori anche lui una pistola.

Un modello antico, come quello che Umberto aveva visto ultimamente in un film di pirati che davano alla televisione la domenica pomeriggio.

Senza esitare l'uomo mascherato sparò un colpo.

Si sentì un forte rumore. La pallottola arrivò esattamente davanti ai piedi di Umberto, penetrando nel pavimento di legno.

Übung 9: Aus welchem Material sind folgende Gegenstände?

1. tazza	☐	a) carta
2. scarpe	☐	b) porcellana
3. pantaloni	☐	c) legno
4. bicchiere	☐	d) vetro
5. giornale	☐	e) cuoio
6. tavolo	☐	f) stoffa
7. palla	☐	g) gomma

"La prego di lasciare la Sua arma dov'è", ordinò l'uomo senza tradire emozioni.

Übung 10: Streichen Sie die fünf inhaltlich nicht dazugehörigen Sätze durch!

"In caso contrario dovrò mirare un po' più in alto la prossima volta". Umberto, spaventato, alzò le mani. Da anni trascorreva le vacanze estive al mare. Preferibilmente a Rimini.
"Che intenzioni ha?" chiese pauroso.
"Oh, mi riprendo solo ciò che è mio", rispose l'uomo con la maschera rossa.
Poi infilò di nuovo la mano sinistra sotto il mantello. Tirò fuori una bottiglietta di vetro e la gettò contro Umberto.
Il guardiano notturno trasalì. Si alzò una nuvola di polvere fina. Subito dopo Umberto sentì un odore dolciastro, non sgradevole. Le mele del fruttivendolo all'angolo non erano buone.
Il guardiano tossì. Decise di comprare dei mobili nuovi. Lo sguardo gli si annebbiò.
"Se solo non avessi disattivato quel dannato impianto d'allarme", fece ancora in tempo a pensare prima di perdere la conoscenza.

La risata della maschera fu l'ultima cosa che Umberto udì. Poi cadde a terra svenuto. Il giornalista telefonò alla sorella.

Il vaporetto risaliva lentamente il Canal Grande. Era un grigio mattino di febbraio e una nebbia grigia si spandeva sull'acqua. Il rumore monotono del motore rendeva il commissario Nicoletti ancora più stanco di quanto non fosse.

Erano le sette del mattino. Il vaporetto era mezzo vuoto.

Normalmente questa imbarcazione era il mezzo di trasporto più usato a Venezia. I canali percorrevano la città come una rete di strade. E i vaporetti erano gli autobus di Venezia. Il commissario Nicoletti sbadigliò senza nemmeno mettersi una mano davanti alla bocca.

Il sole non si era ancora levato e, alla debole luce dell'alba, non poteva vederla comunque nessuno. Rosa Nicoletti si scostò una ciocca di capelli rosso bruno dal viso. L'ironia del destino aveva voluto che il colore dei suoi capelli fosse in diretta relazione col suo nome. "Rosa la rossa", così la chiamavano i colleghi della polizia di Venezia.

Ma solo quando non sentiva. Quel soprannome non le piaceva.

Übung 11: Welches Verkehrsmittel ist gemeint?

1. È la barca simbolo di Venezia. ______________ (lognado)
2. Atterra all'aeroporto. ______________ (pleranoao)
3. Si muove sui binari. ______________ (netro)
4. Ha un motore e due ruote. ______________ (toom)
5. Non ha bisogno dell'aeroporto per atterrare. ______________ (tricoletoe)

6. In Olanda è un mezzo di trasporto molto diffuso.
______________ (tliccebati)

Il commissario Nicoletti aveva circa trentacinque anni ed era pertanto uno dei più giovani commissari della polizia italiana. A dire il vero era anche uno dei pochi commissari di sesso femminile. L'emancipazione si era fatta strada anche in Italia, ma i gradi più alti della polizia erano ancora di dominio prevalentemente maschile.

Übung 12: Unterstreichen Sie die neun Wörter, die falsch geschrieben sind!

Il motore del vaporetto si spense e l'imbarcazione percorse senza far rumore gli ultimi metri fino alla riva.
Un paio di secondi più tardi aveva attraccato. Il commissario Nicoletti raggiunse la strada attraversando la piccola passerella. La "Ca' d'Oro" si innalzava grigia e anticha davanti a lei. Un ricco veneziano l'aveva fatta costruire secoli prima. Allora tutta la facciata era riccoperta d'oro; per questa la casa era stata ciamata così. Oggi della copertura d'oro non è rimasto più niente, ma la faccata decorata è ancora imponente.
In quel grigio matino, però, il commissario Nicoletti non aveva occhi per la bellezza dell'arcitettura. Alle cinque e mezzo del mattino aveva suonato il telefono. Il suo superiore l'aveva svegliata raccontandole della rapina alla galleria Franchetti.
Rosa si era alzata a faticha ed era andata direttamente alla galleria. Un polizziotto di guardia si trovava già davanti all'ingresso della galleria che era all'interno della Ca' d'Oro.
"Mi dispiace", disse il polizziotto sgarbatamente impedendo al commissario Nicoletti l'ingresso. "Non può entrare. Quì c'è stata una rapina."

"Sono qui per questo", mormorò Rosa e tirò fuori dalla borsa il tesserino di riconoscimento.
Il giovane poliziotto si spaventò. "Oh, mi scusi, commissario", rispose. E le tenne aperta la porta.
Il commissario ringraziò con un cenno. Poi entrò nell'edificio.
All'interno faceva ancora più freddo. Quelle antiche stanze erano talvolta peggio di un frigorifero.

! ÜBUNG 13

Übung 13: Welches Wort ist das „schwarze Schaf"? Unterstreichen Sie!

1. a) rapina, b) furto, c) occasione
2. a) letto, b) armadio, c) asciugamano
3. a) mormorare, b) sussurrare, c) urlare
4. b) carta d'identità, b) biglietto, c) passaporto
5. a) noia, b) spavento, c) paura
6. a) mattino, b) estate, c) pomeriggio
7. a) finestra, b) porta, c) giardino

Rosa rabbrividì. Un paio di colleghi della polizia scientifica erano già lì. Fotografavano, cercavano delle impronte digitali ed esaminavano la vetrina rotta.
Due infermieri in uniforme arancione e bianca si prendevano cura di un uomo anziano tutto tremante.
Era avvolto in una coperta e beveva una tazza di tè.
Rosa si diresse verso Luigi, uno dei colleghi più giovani. Anche lui sembrava stanco e di cattivo umore. Era semplicemente troppo presto.
Rosa rinunciò a salutarlo. "Allora, che è successo?" gli chiese.
Luigi alzò gli occhi dal suo blocco per appunti.
"Ah, commissario Nicoletti", disse e cercò di sorridere. Il tentativo

non gli riuscì troppo bene a quell'ora del mattino. "Mah, a quanto pare una normalissima rapina."
"Che cosa hanno rubato?" gli domandò Rosa. Era arrabbiata: aveva dovuto alzarsi così presto per un caso di routine.

Übung 14: Ist die Übersetzung richtig ✓ falsch –?

1. Luisa kümmert sich um die Kinder.
   Luisa si prende cura dei bambini. ☐
2. Gestern waren alle Gäste schlecht gelaunt.
   Ieri tutti gli ospiti avevano la luna storta. ☐
3. Luigi hatte auf das Frühstück verzichtet.
   Luigi aveva rinunciato alla colazione. ☐
4. Der Polizist begutachtete die Fingerabdrücke.
   Il poliziotto cancellò le impronte digitali. ☐
5. Umberto ging auf Cagliostro zu.
   Umberto incontrò Cagliostro. ☐
6. Der Kommissar ärgerte sich sehr über die Arbeitsweise der Kollegen.
   Il commissario si arrabbiò molto per il modo di lavorare dei colleghi. ☐
7. Niemand konnte sagen, was los war.
   Nessuno seppe dire che cosa fosse successo. ☐

Luigi indicò la vetrina rotta.
"Poco", rispose con un'alzata di spalle. "Solo una scatolina."
"Che strano", disse Rosa. Si guardò intorno. Il museo era pieno di tesori di immenso valore. Dipinti, sculture, gioielli. E il ladro si era accontentato di una scatolina?
"Di che scatolina si trattava?" chiese Rosa.

Luigi indicò il cartellino.
"Deve essere stata di un certo Cagliostro", disse. "Non ho la minima idea chi sia stato. Probabilmente un doge ricco o qualcuno del genere."
Rosa rifletté brevemente. Per quel che ne sapeva, Cagliostro era stato una specie di alchimista. Ma perché qualcuno aveva rubato la sua scatolina?
"Perché non ha funzionato il sistema di allarme?" chiese il commissario.
Luigi indicò il vecchio.
"È stato quel tipo lì, il guardiano notturno, a disattivarlo. Deve aver sentito qualcosa e ha pensato che fosse un topo."

ÜBUNG 15 !

Übung 15: Welche Tiere sind gemeint? Enträtseln Sie die Definitionen und finden Sie das Lösungswort!

1. il peggior nemico del topo _ ☐ _ _ _
2. uno degli animali preferiti dalla regina d'Inghilterra _ _ _ _ ☐ _ _
3. il re degli animali ☐ _ _ _ _
4. il miglior amico dell'uomo _ ☐ _ _
5. l'animale più alto _ _ ☐ _ _ _ _
6. è un piccolo insetto che lavora molto _ _ _ ☐ _ _ _
7. l'animale più grande del circo ☐ _ _ _ _ _ _ _

Lösungswort: _ _ _ _ _ _ _

“Mah”, mormorò Rosa. “Molto intelligente.”
Poi andò dal vecchio. Il guardiano notturno, con la faccia triste, alzò gli occhi dalla sua tazza di tè.
“Buon giorno, signore”, disse Rosa gentilmente. “Mi hanno detto che lavora qui come guardiano notturno. Ha visto il ladro? Può descriverlo?”
“Sì”, disse l’uomo. “No.”
“Come sarebbe a dire? Sì o no?”

Übung 16: Unterstreichen Sie von den beiden Alternativen das passende Wort!

“Mi scusi”, ribatté il guardiano. “Sono ancora un po’ (1.) agitato/allegro. È stato così terribile. Sì, ho assistito al furto, ma no, non ho (2.) riconosciuto/fermato il ladro. Portava una maschera.”
“Ah. Aveva sul viso (3.) un calzino/una calza?”
Il vecchio scosse il (4.) collo/capo.
“No, no. Una maschera da carnevale. Di color rosso sangue.”
Ci mancava anche questo, (5.) pensò/si ricordò il commissario Nicoletti. Una maschera di carnevale. Il carnevale era (6.) iniziato/partito il giorno prima e le strade di Venezia erano piene di gente in maschera. Perlomeno fino al mercoledì delle ceneri.
“Ho capito”, disse il commissario Nicoletti e prese un (7.) ricordo/appunto. “A parte questo, ha visto qualcos’altro di (8.) buffo/insolito? Il ladro ha detto qualcosa?”

“Proprio così”, annuì il guardiano notturno. “Ha detto che avrebbe solo ripreso ciò che era suo.”
“Ah”, commentò Rosa. Che voleva dire tutto questo? “Io volevo trattenerlo”, continuò il guardiano notturno. “Ma poi lui ha sparato verso di me. E ha tirato fuori una bottiglietta con dentro una strana polvere. Da quel momento non ricordo più niente.”

"Abbiamo trovato tracce di quella polvere", si intromise Luigi. "I colleghi del laboratorio la stanno analizzando. Ma ci vorranno un paio di giorni per sapere di che cosa si tratta."

Übung 17: Welche Definition stimmt?

1. annuire	☐ a) fare un cenno per dire di sì
	☐ b) rimanere in ascolto
2. continuare	☐ a) fare ancora la stessa cosa
	☐ b) dare il permesso
3. significare	☐ a) voler dire
	☐ b) avere intenzione
4. probabile	☐ a) poco deciso
	☐ b) quasi sicuro
5. commentare	☐ a) togliere la parola
	☐ b) esprimere la propria opinione
6. appartenere	☐ a) volere assolutamente
	☐ b) essere di proprietà di qualcuno

"E la pallottola?" chiese Rosa. "L'avete già trovata?"
"Certo, l'abbiamo trovata nel pavimento di legno", rispose Luigi e tirò fuori una bustina di plastica trasparente.
"È peraltro la pallottola più strana che io abbia mai visto."
Incuriosita Rosa prese in mano la bustina.
Al suo interno si trovava una pallina che sembrava proprio una biglia di metallo. Completamente diversa dalle pallottole di forma allungata che conosceva.
"E questa cos'è?" domandò stupita.
"Questa è la pallottola sparata contro il guardiano notturno. Sembra un modello piuttosto vecchio, se vuole la mia opinione, commissario."

"Molto strano", disse Rosa pensierosa. Poi fece sparire la bustina di plastica nella tasca.
"Che cosa pensa di fare?" chiese Luigi stupito.
"Me ne vado a casa e, per prima cosa, bevo un caffè. Questa strana pallina gliela riporto più tardi."
"Che cosa vuol farci?" domandò Luigi curioso.
"Ho una mezza idea" rispose Rosa Nicoletti e se ne andò.

Übung 18: Beantworten Sie folgende Fragen zum Text!

1. Quanti giorni sono necessari per sapere i risultati dell'esame della polvere misteriosa?

2. Dov'è stata ritrovata la pallottola?

3. Che cosa c'è nella bustina di plastica?

4. Che forma hanno le pallottole moderne?

5. Dove mette Rosa Nicoletti la bustina?

Il dottor Ludovico Lombardo alzò il bavero del cappotto. Il sole si era appena levato, ma faceva ancora molto freddo. Come gli altri quartieri di Venezia, quello di San Polo era percorso da canali e vicino all'acqua faceva ancora più freddo. Il dottor Lombardo aveva dimenticato di mettersi i guanti prima di lasciare casa.

Übung 19: Fügen Sie die passenden Wörter in die Lücken ein!
(a) cappello, b) gonna, c) impermeabile, d) giacca a vento, e) guanti, f) sciarpa, g) stivali, h) camicia, i) maglione)

1. Maria indossa una ________________ lunga.
2. Giovanni è andato a sciare in montagna e ha messo in valigia la ________________ .
3. Quando piove Luigi porta sempre un paio di ________________ di gomma.
4. Il cameriere aveva i ________________ bianchi.
5. Non vado mai in spiaggia senza il ________________.
6. "Piove. Prendi l' ________________!"
7. Ludovico indossava una ____________ bianca e un completo blu.
8. Se hai il mal di gola non dimenticare di metterti la ________________.
9. A Natale la nonna gli regalava sempre un ________________ di lana.

Quel giorno aveva lezione all'Università soltanto alle dieci. C'era quindi tutto il tempo per fare una bella colazione. Poi, così ritemprato, poteva cominciare la giornata e insegnare la storia italiana ai suoi studenti annoiati.

Il dottor Lombardo era il più giovane tra i professori universitari. Era una delle persone pagate peggio. Era un esperto fenomenale di storia medievale. Il dottor Lombardo passò la chiesa di San Polo che dava il nome al quartiere. Dietro la chiesa, imboccando un vicolo buio, trasalì.

Una figura mascherata saltò fuori dall'ombra.

Übung 20: Finden Sie das passende Gegenteil!

1. dentro	☐	a) sotto
2. dietro	☐	b) peggio
3. salire	☐	c) fuori
4. sopra	☐	d) esterno
5. alzare	☐	e) abbassare
6. chiudere	☐	f) davanti
7. interno	☐	g) scendere
8. meglio	☐	h) aprire

Per lo spavento il dottor Lombardo lasciò cadere il sacchetto con i panini.
“Ehi, amico”, chiese l’uomo mascherato, “sai dove posso trovare ancora qualcosa da bere?”
Il dottor Lombardo respirò di sollievo. Evidentemente l’uomo aveva alzato un po’ troppo il gomito in uno dei numerosi balli in maschera.
“Che ne diresti di un caffè a casa tua, amico?” domandò Lombardo. “Forse ti farà passare la sbornia.”
“Guastafeste”, brontolò l’uomo mascherato e si allontanò con passo malfermo.

Übung 21: Unterstreichen Sie die richtige Antwort!

1. Che cosa fa una persona che impreca spesso?
   a) sie freut sich des Lebens, b) sie weiß nicht, was sie sagen soll, c) sie flucht oft
2. Che cos’è un vicolo?
   a) eine Auflage, b) eine Gasse, c) der Eingang eines alten Gebäudes

3. Quando si respira di sollievo?
   a) wenn einem frische Luft fehlt, b) wenn die Sonne scheint, c) wenn eine Gefahr vorbei ist
4. Che cos'è un guastafeste?
   a) ein Spielverderber, b) ein ungebetener Gast, c) ein Partygänger
5. Perché una persona cammina con passo malfermo?
   a) weil sie Zahnschmerzen hat, b) weil sie betrunken ist, c) weil sie den Weg nicht kennt
6. Che cosa ha fatto un amico che ha alzato il gomito?
   a) er hat zu viel getrunken, b) er war in eine Schlägerei verwickelt, c) er hat sich am Ellbogen verletzt
7. Che cosa fa un signore che brontola?
   a) er grüßt, b) er schreit, c) er mault

Il dottor Lombardo scosse il capo. Normalmente il carnevale di Venezia era un avvenimento piuttosto elegante, ma anche qui c'era gente che non si accorgeva di aver superato il limite.
Lombardo si chinò imprecando. Il sacchetto coi panini era finito in una pozzanghera. Addio bella colazione.
Di cattivo umore Lombardo se ne tornò a casa. Aprì piano il portone. Stava per salire la scala che portava al suo appartamento, quando una porta alle sue spalle si aprì.
La signora Berlanti, proprietaria della casa e sua locatrice, mise fuori la testa.
"Ah, dottor Lombardo", disse con falsa cordialità, "in giro già di buon'ora. Si ricorda dell'affitto?"
Lombardo inghiottì. Ancora una volta era in ritardo con l'affitto. La settimana scorsa gli si era rotta la lavatrice e la riparazione era costata un patrimonio. Non aveva proprio la minima idea dove

potesse trovare i soldi. Al pagamento dello stipendio mancava ancora qualche settimana.

Lombardo sorrise controvoglia.

Übung 22: Welches Elektrogerät ist gemeint?

ÜBUNG 22 !

1. Se ho i capelli bagnati uso l'_______________.
2. Se d'estate fa troppo caldo accendo il _______________.
3. Per pulire la moquette uso l'_______________.
4. Invece di lavare i piatti a mano uso la _______________.
5. Quando voglio vedere il telegiornale accendo il _______________.
6. Il gelato si conserva nel _______________.
7. Per registrare un film accendo il _______________.

Übung 23: Unterstreichen Sie die richtige Präposition!

ÜBUNG 23 !

"Ma certo, signora Berlanti. È solo che, eh ... non ho avuto il tempo di andare (1.) alla/in banca. Per via del lavoro, sa ..."
La signora Berlanti annuì sospettosa. Era chiaro che non credeva (2.) alle/sulle sue parole. E (3.) col/del resto non era la prima volta che Lombardo era in ritardo (4.) per/con l'affitto.
"Ah, allora va bene", disse. "Temevo già di dover andare a parlare (5.) a/con mio nipote, sa, l'avvocato ..."
"Ma La prego, signora, non è necessario", ribatté Lombardo salendo le scale. "Ci penso io, non si preoccupi."
La signora Berlanti emise un brontolio indefinito e chiuse la porta.

Lombardo infilò la chiave (6.) sulla/nella serratura della porta d'ingresso. La giornata comincia bene, pensò.
Buttò il sacchetto con i panini bagnati sul comò del corridoio e si diresse verso la piccola cucina. Forse un caffè l'avrebbe aiutato a pensare (7.) di/ad altro.
Lombardo entrò in cucina e si irrigidì. Uno sconosciuto sedeva (8.) al/sul tavolo della cucina e sorrideva.

Lo sconosciuto aveva i capelli grigi e una barba corta e curata. Due occhi azzurri gli illuminavano il viso. Sembravano gli occhi di una persona giovane, sebbene l'uomo dovesse essere molto anziano. Indossava un costosissimo completo scuro, fuori luogo nella semplice cucina del dottor Lombardo.
Eppure lo sconosciuto sembrava sentirsi a proprio agio.
"Buongiorno, dottor Lombardo. Mi scusi se sono venuto a trovarLa così presto. Alla mia età si ha bisogno di poco sonno."
Lombardo spalancò gli occhi.
"Chi diavolo è Lei? Com'è entrato qui? E che cosa vuole?"

ÜBUNG 24 !

Übung 24: Fügen Sie die italienische Übersetzung der angegebenen Wörter ein!

"Quante (1. Fragen) ____________ tutte insieme", rispose gentilmente l'anziano signore. Poi indicò una (2. Stuhl) ____________.
"Si accomodi pure", disse come se fosse a casa sua.
Lombardo era così stupito che si sedette davvero. Per poco non ringraziava persino l'uomo per la sua gentilezza.
Il vecchio prese la (3. Kaffeekanne) ____________ e (4. goss) ____________ a Lombardo una tazza di caffè. "Mi sono permesso

di fare il caffè mentre L'aspettavo, dottore. Zucchero?"

"Sì, grazie", rispose Lombardo ancora stupito. Poi scosse la (5. Kopf) ________.

"Ora risponda alle mie domande, signore. Altrimenti dovrò chiamare la polizia. Anzi, la chiamo comunque!"

Lombardo si alzò per andare al telefono.

Il vecchio si limitò a (6. lächeln) ________.

"Sarebbe meglio non lo facesse, dottore. Potrebbe sfuggirle un (7. Geschäft) ________ interessante. Ma veniamo ora alle sue domande. Permette: Giuseppe Castelani. Lavoro, diciamo così, nell' (8. Industrie) ________. Riguardo alla seconda domanda: la (9. Schloss) ________ della porta d'ingresso avrebbe potuto aprirla anche un bambino.

Dovrebbe parlarne con la proprietaria della casa. La risposta all'ultima domanda, infine, potrebbe durare un po' a lungo. Forse farebbe meglio a sedersi."

Perché no, pensò Lombardo. Il vecchio era sì un po' strano, ma non sembrava davvero pericoloso. Forse era confuso di mente e fuggito da una casa di riposo per anziani.

Lombardo si sedette e bevve un sorso di caffè.

Übung 25: Welches Getränk ist gemeint?

ÜBUNG 25 !

1. Si usa per fare il formaggio: ________
2. Gli inglesi lo bevono preferibilmente alle cinque: ________
3. È lo champagne italiano: ________
4. Può essere sia rosso che bianco: ________

5. Non c'è niente di meglio contro la sete: ________

6. Contiene molta vitamina C: ________

Qualsiasi cosa lo sconosciuto volesse, il caffè sapeva farlo bene. "Allora, cosa vuole, signore?" chiese Lombardo. Nel frattempo si era veramente incuriosito un po'. Dopotutto faceva parte del suo mestiere di scienziato essere curioso.

Übung 26: Streichen Sie die fünf inhaltlich nicht dazugehörigen Sätze durch!

Il vecchio, Castelani, annuì soddisfatto. Non vedeva l'ora di mangiare un panino.
"Mi piace suonare il pianoforte. Ho fatto fare delle ricerche. Mi hanno detto che Lei è uno dei maggiori studiosi di storia italiana, dottore."
Lombardo si sentì lusingato. La padrona di casa suonò alla porta.
"Grazie, mi fa piacere sentirlo", disse. "Ma ciò non spiega perché Lei sia qui."
"Andiamo con calma, dottore. Su questo punto tornerò più tardi. Anch'io ho studiato a lungo la storia. E nel corso delle mie ricerche ho incontrato una figura interessante. Non Le dice niente il nome Cagliostro?"
Lombardo corrugò la fronte. Se solo avessi tempo di andare al cinema, pensò.
"Certo. Ho scritto anche un libro su di lui. Era uno degli alchimisti più famosi del suo tempo. E in più un ciarlatano e un maestro nell'arte di vivere. Una personalità storica interessantissima. Ma non capisco ..."

Il vecchio evitò di rispondere. Andò nell'ingresso e si tolse il cappotto.
"Mi lasci continuare, poi capirà. Come anche Lei saprà, Cagliostro ha compiuto diversi esperimenti. Alcuni sostengono addirittura che avesse fatto un patto col diavolo."

Übung 27: Ordnen Sie die Buchstaben zu sinnvollen Wörtern!

"Naturalmente erano solo (1. cairechihce) ____________ superstiziose. Come molti dei suoi contemporanei Cagliostro ha compiuto degli esperimenti d'alchimia. E gli alchimisti sono considerati i precursori dei (2. domirne) ____________ chimici. Da questo punto di (3. sitav) ____________ si potrebbe definire Cagliostro addirittura uno scienziato."
Il (4. occhevi) ____________ batté le mani.
"Anch'io la penso così! Cagliostro era un geniale scienziato. E ha raggiunto (5. turisalti) ____________ stupefacenti. Per (6. pomisee) ____________ nella ricerca della pietra filosofale."
A Lombardo venne da (7. redire) ____________.

"Ma via! Non crederà sul serio che Cagliostro avesse trovato il modo di trasformare il piombo in oro?"
Il vecchio scosse la testa e sorrise sottilmente.
"Via, dottore, ora mi delude. Sa quanto me che non si trattava veramente di produrre oro."
Lombardo annuì e prese un altro sorso di caffè.
"No, certo che no. Gli alchimisti cercavano piuttosto un modo per raffinare la materia. La trasformazione del piombo in oro era soltanto un simbolo."

"Esatto!" Il vecchio era contento come un bambino. "Cagliostro è riuscito ad esaudire un sogno antichissimo dell'umanità."
"Davvero? Quale?" chiese Lombardo scettico.
"Che cosa pensa, dottore?" disse il vecchio con tono di sfida. "Cagliostro ... ha scoperto il segreto della vita eterna."
Lombardo fissò il vecchio per un secondo. Poi scoppiò a ridere di tutto cuore.
"Non dirà mica sul serio, signore!" esclamò. "Non ci crederà davvero!"
"Capisco la sua reazione, giovanotto", rispose calmo Castelani.

ÜBUNG 28 !

Übung 28: Finden Sie das „schwarze Schaf" unter den Synonymen!

1. a) misterioso, b) sorprendente, c) stupefacente
2. a) pietra, b) pallottola, c) sasso
3. a) annuire, b) assentire, c) mentire
4. a) secondo, b) tempo, c) attimo
5. a) testa, b) capo, c) capelli
6. a) comprendere, b) credere, c) capire
7. a) tranquillo, b) convinto, c) calmo
8. a) curioso, b) soddisfatto, c) contento

"Ma Le assicuro: so di cosa parlo. Le mie ricerche non lasciano dubbi. Cagliostro ha scoperto il segreto della vita eterna."
Il dottor Lombardo era tornato di nuovo calmo.
"Bene, poniamo che sia così – ma io che c'entro?"
"Lei è un esperto di storia, dottore. E ha scritto un libro su Cagliostro. È l'uomo che fa per me. Voglio affidarLe l'incarico di cercare per me gli ingredienti del siero dell'immortalità."
"Che cosa vuole?"
"Ha sentito bene, dottore. Ai suoi tempi Cagliostro è stato spesso in

conflitto con la legge. Per questo ha nascosto gli ingredienti della formula misteriosa in luoghi diversi. Le chiedo di cercare per me questi ingredienti. Dietro appropriato compenso, si capisce."

Übung 29: Was kocht Lombardo in seiner Küche? Ordnen Sie die Buchstaben der Zutaten und enträtseln Sie das Lösungswort!

1. (seal) □ _ _ E
2. (eppe) □ _ _ E
3. (avilas) _ □ _ _ _ A
4. (golia) _ □ _ _ O
5. (nufigh) _ _ _ _ □ I
6. (pozzemelor) _ _ □ _ _ _ _ _ _ O
7. (nonot) □ _ _ _ O
8. (tecao) _ _ _ □ O
9. (looi) _ _ □ O

Lösungswort: _ _ _ _ _ _ _ _ _

Il dottor Lombardo scosse la testa.

"Ma cosa pensa? In primo luogo non credo a tutte queste magie. E in secondo luogo ho già un lavoro. Sono professore universitario, nel caso l'abbia dimenticato."

"Oh, certo che non l'ho dimenticato. Mi sono permesso di richiedere una vacanza a nome suo. Il rettore, un mio vecchio amico, si è dichiarato naturalmente d'accordo. E per quanto riguarda il compenso ... ecco un piccolo acconto."

Übung 30: Welche Übersetzung stimmt?

1. assegno
   - ☐ a) Scheck
   - ☐ b) Quittung
2. acconto
   - ☐ a) Summe
   - ☐ b) Anzahlung
3. bancomat
   - ☐ a) Tresor
   - ☐ b) Geldautomat
4. conto corrente
   - ☐ a) Bankleitzahl
   - ☐ b) Girokonto
5. versamento
   - ☐ a) Überweisung
   - ☐ b) Liquidität
6. spese
   - ☐ a) Gewinn
   - ☐ b) Ausgaben
7. pagamento
   - ☐ a) Bezahlung
   - ☐ b) Rechnung

L'uomo infilò la mano nella tasca interna della giacca. Tirò fuori una busta e la mise sul tavolo.

"Qui dentro ci sono 5000 euro di acconto, dottor Lombardo. Gliene pagherò ancora il doppio quando avrà trovato tutti gli ingredienti. Naturalmente tutte le spese saranno a mio carico."

Lombardo inghiottì. Il vecchio faceva sul serio.

Doveva accettare quell'offerta pazzesca? Perché no? Dei soldi aveva più che bisogno e forse avrebbe potuto scrivere un nuovo libro sulla sua ricerca degli ingredienti.

Chiaramente Lombardo non credeva affatto che Cagliostro avesse scoperto il siero dell'immortalità. Ma se serviva a fare contento il vecchio …

Lombardo fece un profondo sospiro. Poi disse:

"Va bene, signor Castelani. Accetto la sua offerta."

"Benissimo", esclamò il vecchio. Si alzò a fatica e strinse la mano a Lombardo. "Sapevo di poter contare su di Lei. Propongo di cominciare subito con il lavoro."
"Volentieri", rispose Lombardo." Ma dove devo cominciare?"
"La prima indicazione la troverà alla Biblioteca Nazionale, dottor Lombardo. Suppongo la conosca bene."
Il vecchio si diresse verso la porta con passi lenti, sostenendosi ad un bastone da passeggio con il pomo d'argento. Il pomo aveva la forma di una testa di leone.
"Ma ... veramente avrei bisogno di un'indicazione più concreta", protestò Lombardo.

Übung 31: Finden Sie die passenden Paare!

1. doppio	☐	a) concreto
2. cominciare	☐	b) per finta
3. forse	☐	c) accettare
4. sul serio	☐	d) metà
5. rifiutare	☐	e) finire
6. triste	☐	f) contento
7. astratto	☐	g) sicuramente

Il vecchio però aveva già aperto la porta d'ingresso. Prima di uscire si guardò alle spalle.
"Troverà la traccia, giovanotto. Ho piena fiducia in Lei. Un avvertimento però: non deve perdere tempo. C'è anche un'altra persona alla ricerca del segreto di Cagliostro. Buona fortuna, dottore. Mi farò vivo io."
Prima che Lombardo potesse dire qualcosa il vecchio uscì.
Lombardo corse nel corridoio e aprì la porta. Il vecchio era sparito.

Il commissario Nicoletti sbadigliò e infilò la mano nella tasca dei pantaloni. Faceva ancora molto freddo, sebbene il sole si facesse strada lentamente attraverso la nebbia.
Rosa Nicoletti strinse con le dita la bustina di plastica dove si trovava la pallottola. Prima, al museo, aveva avuto un'idea. Voleva mostrare la strana pallina al suo vicino. Un certo dottor Lombardo.
Ci aveva scambiato qualche volta due parole quando si erano incontrati per caso per le scale. Non sapeva molto di lui, solo che era professore di storia all'università.
E se quella era veramente la pallottola di un'arma antica, forse Lombardo poteva raccontarle qualcosa in proposito.

ÜBUNG 32 !

Übung 32: Finden Sie die passende Übersetzung!

1. per caso	☐ a) spät in der Nacht
2. farsi vivo	☐ b) sich kurz unterhalten
3. farsi strada	☐ c) am helllichten Tag
4. scambiare due parole	☐ d) zufällig
5. in pieno giorno	☐ e) sich melden
6. a tarda notte	☐ f) sich den Weg bahnen

Inoltre la sua idea era anche una buona scusa per ritornare a casa. Non erano nemmeno le nove. Non avrebbe dovuto ancora prendere servizio. Normalmente non era mai in ufficio prima delle nove e mezzo o addirittura delle dieci. In compenso lavorava spesso fino a tarda notte.

Übung 33: Fügen Sie folgende Wörter in die richtigen Lücken ein!
(a) rumore, b) telefono, c) nebbia, d) albero, e) pistola, f) maschera, g) vicolo)

A parte il gatto Giuseppe non c'era nessuno ad aspettarla.
Rosa passò oltre la vecchia chiesa e si guardò intorno. Nel (1.) ______________ non c'era ancora nessuno. Ma non aveva sentito un (2.) ______________?
Si guardò ancora intorno. Per un secondo credette di riconoscere nella (3.) ______________ qualcosa di rosso. E il guardiano del museo non aveva parlato di un uomo con una (4.) ______________ rossa?
Istintivamente Rosa cercò con la mano l'arma di servizio. Accidenti! Non aveva preso la pistola! Quella mattina, quando aveva suonato il (5.) ______________, era ancora troppo addormentata per pensarci.
Rosa tentò di riconoscere qualcosa nella nebbia ma nel vicolo era ancora piuttosto fitta.
Là! La maschera rossa apparve di nuovo. Si era nascosta dietro ad un sottile (6.) ______________.
"Fermo!" esclamò Rosa nella nebbia. "Polizia!"
Ma la maschera fece l'esatto contrario. Chiunque fosse, corse nella direzione opposta.
"Ha la coscienza sporca", pensò Rosa e gli andò dietro.
Anche se non aveva la (7.) ______________ con sé, voleva vedere bene quell'individuo.

Un paio di secondi più tardi i suoi passi risuonavano nell'antichissimo vicolo. Mentre correva, Rosa si guardò intorno. Dov'era finito il misterioso sconosciuto?

Il commissario si fermò respirando affannosamente e si guardò intorno.

ÜBUNG 34

Übung 34: Welches Adjektiv passt zu wem?
(a) malinconico, b) ordinato, c) attento, d) avaro, e) misterioso, f) estroverso, g) distratto, h) sgarbato, i) imprudente, l) ottimista)

1. Luigi dimentica spesso dove lascia gli occhiali. ☐
2. Paolo non saluta mai. ☐
3. Antonio ha moltissimi amici. ☐
4. Marco guida troppo velocemente. ☐
5. Franco non sopporta le cose fuori posto. ☐
6. Alessandro non dice che cosa fa e da dove viene. ☐
7. Matteo si ricorda sempre del compleanno degli amici. ☐
8. Davide ride raramente. ☐
9. Luca spera sempre che il conto lo paghino gli altri. ☐
10. Guido vede sempre il lato positivo delle cose. ☐

Eccolo! A qualche metro di distanza apparve di nuovo qualcosa di rosso.
Rosa intravide vagamente per un secondo lo sconosciuto. Indossava veramente una maschera di carnevale rossa e un lungo mantello anch'esso di colore rosso.
L'uomo la guardò. La sua maschera rimase senza espressione.
Poi agitò il mantello e sparì. Come inghiottito dalla terra.

Übung 35: Unterstreichen Sie die richtige Alternative!

Non è possibile, pensò Rosa. Probabilmente la (1.) noia/stanchezza e la nebbia le avevano giocato un brutto tiro.
Con passi cauti si avvicinò al punto in cui l'uomo era sparito. Non poteva semplicemente essersi dissolto nell' (2.) aria/acqua.
E infatti non era stato così. Rosa fece un (3.) gesto/passo in avanti e gridò (4.) sorpresa/spaventata.
All'ultimo minuto riuscì a spostare l'equilibrio all'indietro. Davanti a lei c'era il vuoto.
Si trovava sul (5.) bordo/davanzale di un canale in disuso. Questi cosiddetti canali in secca erano molto diffusi a Venezia. Prima vi scorreva l'acqua, ora il canale era un semplice fosso.
Davanti al commissario il fosso aveva (6.) uno spessore/una profondità di circa due metri.
Ecco com'era scomparso l'uomo mascherato. L'aveva (7.) occupata/distratta col mantello e poi, protetto dalla nebbia, era semplicemente saltato nel canale in secca.

Chissà dov'era ora.
Il commissario Nicoletti, però, non volle rinunciare all'inseguimento.
Continuò a camminare lungo il canale. Là in basso era ancora più scuro che sulla strada. Rosa Nicoletti scrutò la nebbia. Davanti a lei, a destra e a sinistra, c'erano pezzi di barche di legno e gondole. Sembravano pesci in secca.
Rosa urlò spaventata quando qualcosa le guizzò fra i piedi. Un grosso ratto.
"Sparisci schifoso!" esclamò. Odiava i topi. Anche per questo teneva un gatto in casa.
Il ratto scomparve squittendo nella nebbia.

ÜBUNG 36 !

Übung 36: Jedes Tier hat seine Stimme. Finden Sie die passenden Paare!

1. cane	☐ a) miagolare
2. topo	☐ b) muggire
3. zanzara	☐ c) squittire
4. gatto	☐ d) nitrire
5. cavallo	☐ e) ronzare
6. rana	☐ f) gracidare
7. mucca	☐ g) abbaiare

Improvvisamente il commissario sentì un rumore alle sue spalle. Si girò. Appena dietro di lei stava un uomo con una maschera rossa. Il suo mantello rosso spiccava nella nebbia.

“Lei ha qualcosa che mi appartiene”, disse l’apparizione, senza che la bocca della maschera si muovesse. “La rivorrei indietro.”

“La dichiaro in arresto”, si limitò a rispondere il commassario Nicoletti. Istintivamente fece per afferrare l’arma di servizio. Ma la sua pistola era rimasta a casa sul comodino.

ÜBUNG 37 !

Übung 37: Wo finden Sie folgende Gegenstände?
(a) comodino, b) divano, c) panchina, d) armadietto, e) scrivania, f) sedia a sdraio, g) lavandino, h) altare)

1. parco	☐	5. soggiorno	☐
2. camera da letto	☐	6. studio	☐
3. bagno	☐	7. spiaggia	☐
4. chiesa	☐	8. cucina	☐

L'uomo mascherato non si mosse – fino a quando, improvvisamente, una pistola di vecchio tipo sbucò dal suo mantello. La canna era centrata esattamente contro Rosa.
"Mi dia la mia pallottola, commissario", disse l'apparizione. "Le assicuro che nella pistola ce ne sono altre."
"Ma che cosa sono tutte queste sciocchezze? Lei chi è?" chiese Rosa arrabbiata.
L'uomo mascherato scosse solo la testa. "La pallottola, per favore!"
Di malavoglia, il commissario infilò la mano nella tasca dei pantaloni. Tirò fuori la bustina di plastica con la pallottola e la porse allo sconosciuto.
"La ringrazio", disse quello e fece scomparire la busta sotto il mantello.
"E ora?" chiese il commissario Nicoletti.
"Ora purtroppo devo andare", rispose l'uomo mascherato. "Mi ha fatto piacere fare la Sua conoscenza."

Übung 38: Übersetzen Sie folgende Sätze!

ÜBUNG 38 !

1. Darf ich dir meine Freundin Silvia vorstellen?

2. Wann machst du mich mit deinen Eltern bekannt?

3. Lass uns du sagen!

4. „Wie geht es dir?“ „Danke, es geht mir einigermaßen.“

5. Grüße deine Frau vielmals von mir!

6. Machen Sie sich keine Umstände!

7. Du bist sehr nett!

Con queste parole infilò di nuovo la mano nel mantello.
Veloce come un lampo tirò fuori una bottiglietta e senza esitare la buttò a terra davanti ai piedi del commissario.
La boccetta si ruppe.
Immediatamente si alzò un fumo denso e nero che avvolse il commissario Nicoletti.
“Ehi”, gridò Rosa tossendo, “io ho smesso di fumare.”
Le mancava l’aria. Quando poté di nuovo vedere qualcosa, l’uomo con la maschera rossa era scomparso.
E con lui la sua unica prova.
“La giornata comincia bene”, brontolò il commissario Nicoletti.

ÜBUNG 39 !

Übung 39: In fünf Sätzen ist die Reihenfolge der Wörter falsch. Verbessern Sie sie!

Il dottor Lombardo sedeva al tavolo della cucina e contava incredulo le banconote.

1. (il sogno Erano veri, non soldi era stato un vecchio).

Quel pazzo gli aveva dato veramente 5000 euro per cercare una formula misteriosa dell’alchimista Cagliostro. Che follia.

2. (porta Il si suonarono dottor spaventò Lombardo quando alla).

....

Probabilmente era il vecchio che rivoleva indietro i soldi.

3. (O i denaro che la suoi chiedevano eredi restituzione del).

....

Insicuro Lombardo andò alla porta e l'aprì.

4. (attraente davanti una Si donna trovò).

....

5. (secondi prima di Lombardo ebbe un paio di bisogno di riconoscerla).

....

Era la sua vicina, quella che lavorava nella polizia. Com'è che si chiamava?
Nicoletti, commissario Nicoletti.

Übung 40: Unterstreichen Sie die vier Adjektive, die einen Gemütszustand ausdrücken!

"Commissario", balbettò Lombardo.
Che cosa vuole da me la polizia, pensò il dottore in quel momento. Ho commesso un delitto accettando i soldi del vecchio?
"In che posso aiutarLa?" chiese insicuro.
Il commissario Nicoletti gli sorrise incoraggiante. "Beh, potrebbe anche farmi entrare. Voglio dire, se non disturbo, dottore."
"Ma no, niente affatto", rispose Lombardo imbarazzato. Tenne la porta aperta al commissario. "Entri, La prego. E scusi il disordine."

Rosa Nicoletti si guardò intorno curiosa e le scappò un sorriso. Più o meno così aveva immaginato l'appartamento di uno studioso. Era arredato molto semplicemente. In compenso c'erano libri sparsi dappertutto. Prevalentemente di argomento storico.

Rosa fece un cenno di diniego.
"Non c'è problema, dottore. Di sopra, a casa mia, è in genere ancora peggio. Senta, potrei avere un caffè?"
"Ma certo", rispose velocemente Lombardo. Con la mano le indicò la cucina.
Poi gli venne in mente che non era stata una buona idea. Troppo tardi.
Il commissario Nicoletti entrò in cucina e spalancò gli occhi.
"Accidenti!" esclamò, "ha vinto al lotto? O ha avuto un'eredità?"
Indicò le banconote che si trovavano ancora sul tavolo della cucina.
Il dottor Lombardo arrossì. Che cosa doveva dire a questo punto? Dopotutto la sua vicina era commissario. E forse commetteva un delitto mentendole. Lombardo inghiottì. Poi offrì al commissario una sedia, si sedette accanto a lei e le raccontò l'intera storia.
Il commissario Nicoletti lo ascoltò attentamente.
Quando il dottor Lombardo ebbe finito di parlare, Rosa Nicoletti lo fissò stupita.

ÜBUNG 41 !

Übung 41: Welches Synonym ist das „schwarze Schaf"?

1. a) denaro, b) stipendio, c) soldi
2. a) biglietti, b) banconote, c) assegni
3. a) delitto, b) reato, c) cattiveria
4. a) gesto, b) sorriso, c) cenno
5. a) pretendere, b) restituire, c) ridare
6. a) ricompensare, b) retribuire, c) multare

"È incredibile", disse.
"Non è vero?" rispose Lombardo. "E ora? Devo restituire i soldi al vecchio?" domandò poi timidamente.
Rosa fece cenno di no.
"Macché. Le è stato conferito un incarico ufficiale. Un incarico ben retribuito ma ... No, il punto non è questo."
"E allora?" chiese Lombardo curioso.

Übung 42: Unterstreichen Sie die Synonyme für die Wörter in Klammern!
(1. succedeva, 2. bella, 3. facendo vedere, 4. poco convinta, 5. bagnata, 6. buonissimo, 7. aspettò)

"Potrei bere un sorso di caffè prima di dirglielo, per favore?"
Il dottor Lombardo si alzò in piedi. "Ma certo. Mi scusi, me ne ero dimenticato."
Il dottore arrossì di nuovo. Non accadeva spesso che una donna così attraente sedesse al suo tavolo in cucina. Semplicemente non ci era abituato.
Per fortuna era rimasto ancora un po' di caffè di quello fatto dal vecchio. Lombardo ne versò una tazza al commissario.
"Avrei anche un paio di panini freschi", disse mostrando il sacchetto del fornaio.
Il commissario Nicoletti diede un'occhiata scettica alla busta inzuppata. "No, grazie", disse.
Poi prese un sorso di caffè. "Ah, fa proprio bene. Un caffè veramente eccellente, dottor Lombardo."
"La ringrazio. Sono contento che le piaccia, ma il complimento non va a me. È stato il mio misterioso visitatore a farlo."
"Capisco", annuì il commissario e attese che Lombardo si fosse seduto di nuovo.

Poi rifletté brevemente e gli raccontò della rapina al museo e del misterioso sconosciuto che l'aveva appena derubata.
Quando ebbe finito di parlare, Lombardo la guardò a bocca aperta. "È incredibile. Lei è stata rapinata? Qui, nella nostra zona? E al museo è stata rubata una scatolina del leggendario Cagliostro?"
"Molto strano, no? Troppo strano per trattarsi di un puro caso. Voglio dire, al museo viene rubata una scatolina appartenente a Cagliostro. Da un uomo che sostiene di riprendersi semplicemente ciò che è suo. E poco dopo viene a trovarLa un vecchio. E Le affida l'incarico di trovare la formula dell'immortalità di Cagliostro."

ÜBUNG 43 !

Übung 43: Welcher Beruf ist gemeint?

1. si alza la mattina presto per fare il pane ______
2. lavora alla scuola ______
3. controlla in spiaggia che gli ombrelloni e i lettini siano in ordine ______
4. difende gli imputati in tribunale ______
5. guida l'aereo ______
6. prende le ordinazioni al ristorante ______
7. cura gli ammalati ______
8. guida l'autobus ______
9. serve i clienti in negozio ______
10. scrive al computer le lettere per il direttore ______
11. vende le medicine ______

“Effettivamente la cosa è molto strana”, annuì Lombardo. “E più particolari vengo a conoscere, più mi sembra strana. Lei che ne pensa, commissario?”
Il commissario Nicoletti si alzò e cominciò a camminare su e giù per la stanza. In quel modo riusciva meglio a riflettere.
“Io la vedo così”, disse infine. “Lo strano vecchio è venuto a sapere della leggenda secondo la quale Cagliostro aveva scoperto la formula dell’immortalità. E ora tenta disperatamente di impadronirsi di questo presunto siero per non dover morire.”
“La spiegazione è sensata”, mormorò Lombardo. “Il vecchio era sì ancora in gamba, ma sembrava effettivamente molto anziano. Probabilmente non gli mancano né tempo né soldi e ha letto un paio di libri emozionanti su Cagliostro.”

Übung 44: Finden Sie die richtige Übersetzung!

1. Mio nonno è ancora in gamba. ☐
   a) Mein Opa ist immer noch rüstig.
   b) Mein Opa trägt keine Krücken mehr.
2. Carlo è una persona alla mano. ☐
   a) Carlo ist ein umgänglicher Mensch.
   b) Carlo ist hilfsbereit.
3. Lisa è una ragazza di parola. ☐
   a) Lisa redet viel.
   b) Lisa hält immer ihr Wort.
4. Tuo fratello ha le mani bucate. ☐
   a) Dein Bruder hat Wunden an den Händen.
   b) Dein Bruder gibt gerne Geld aus.
5. Il mio vicino non ha tutti i venerdì. ☐
   a) Mein Nachbar hat freitags selten Zeit.
   b) Mein Nachbar hat nicht alle Tassen im Schrank.

"Anch'io la penso così", annuì Rosa Nicoletti.
"E il rapinatore al museo? Perché ha rubato un oggetto appartenuto a Cagliostro? Voglio dire, al museo ci sono sicuramente cose molto più preziose. Perché ha preso proprio quella scatolina?"

ÜBUNG 45 !

Übung 45: Fügen Sie die Wörter in Klammern in die richtigen Lücken ein!
(a) venerdì, b) museo, c) fronte, d) pericoloso, e) immaginarlo, f) abilità, g) proprietà)

"Me lo sono chiesta anch'io, naturalmente", rispose la Nicoletti. "Suppongo semplicemente che l'uomo mascherato non abbia tutti i (1.) __________. Probabilmente crede di essere Cagliostro e rivuole indietro la sua (2.) __________."
Lombardo si toccò un paio di volte la (3.) __________ con un dito.
"Vuol dire che è pazzo? Come uno che crede di essere Napoleone?"
"Esattamente", assentì Rosa Nicoletti. Ma non è solo pazzo, è anche (4.) __________. Dopotutto ha dimostrato una grande (5.) __________ nella rapina al (6.) __________. E ha derubato anche me nel canale in secca. Non è cosa da tutti."
Posso ben (7.) __________, pensò Lombardo.

"Ma perché è venuta da me?" chiese il dottore curioso. La domanda non gli era ancora venuta in mente.
Il commissario Nicoletti si strinse nelle spalle.
"In realtà volevo farLe vedere quell'antica pallottola", rispose. "Ma ormai non è più possibile. Però ho pensato che, in quanto esperto di

storia italiana, avrebbe potuto comunque dirmi qualcosa su Cagliostro. E, come si è visto, ho avuto un colpo di fortuna".
Lombardo corrugò la fronte.

Übung 46: Welche Körperteile sind gemeint? Enträtseln Sie die Definitionen und finden Sie das Lösungswort!

1. lasciano impronte quando si cammina sulla sabbia — □ _ _ _ I
2. lo veste la manica — _ _ _ _ □ O
3. fa spesso male a chi lavora a lungo seduto — □ _ _ _ _ _ A
4. era il punto debole di Achille — □ _ _ _ _ _ E
5. i rumori forti gli danno fastidio — □ _ _ _ _ _ _ O
6. regge la testa — _ _ □ _ O
7. serve per parlare — B _ _ _ □

Lösungswort: _ _ _ _ _ _ _

"Ah, e come mai?"
"Beh, in fondo il vecchio Le ha dato l'incarico di trovare il siero dell'immortalità di Cagliostro."
"E allora?"

Übung 47: Unterstreichen Sie die richtige Alternative!

"Suppongo che il misterioso rapinatore dalla maschera rossa abbia la stessa intenzione. Se non ha niente in (1.) opposto/contrario L'accompagnerò nelle sue ricerche. Con un po' di fortuna forse incontreremo di nuovo l'uomo mascherato."
"Capisco", annuì Lombardo. "Vuole adoperarmi come (2.) esca/attrazione." L'idea non gli piaceva troppo.

Il commissario Nicoletti gli sorrise. “Diciamo piuttosto che Le offro la (3.) protezione/compagnia della polizia per il Suo lavoro. Le suona meglio?”
“Non molto”, rispose Lombardo. Poi gli venne in (4.) capo/mente ancora qualcosa. “Nelle sue supposizioni ha dimenticato (5.) una possibilità/un’idea, commissario”, disse.
Rosa Nicoletti lo fissò attenta. “Quale sarebbe?”
“E se l’uomo con la maschera fosse veramente Cagliostro? Se Cagliostro avesse veramente scoperto il siero dell’immortalità e fosse ancora in vita?”
Al commissario Nicoletti (6.) fuggì/scappò da ridere. “Non dirà sul serio, dottore?”
Il dottor Lombardo inghiottì. Non sapeva più che cosa (7.) sospettare/pensare …

Nel palazzo abbandonato c’era odore di muffa e di marcio. Ma l’uomo dal mantello rosso non se ne curava. Si era abituato da tempo a quell’odore. Da due anni andava regolarmente al palazzo, nei cui sotterranei aveva installato un piccolo laboratorio.
Ufficialmente l’antico edificio apparteneva al comune. Ma la città di Venezia, come molti altri comuni in Italia, non aveva soldi. Da anni nessuno era più stato al palazzo e le vecchie mura marcivano lentamente.

Übung 48: Welche Paare gehören zusammen?

1. municipio	☐ a) primo ministro
2. università	☐ b) commissione
3. Comunità Europea	☐ c) papa
4. governo	☐ d) rettore
5. parlamento	☐ e) direttore

6. banca	☐	f) deputato
7. Chiesa cattolica	☐	g) sindaco

L'uomo si tolse il mantello e lo gettò a terra sbadatamente. Poi si tolse la maschera.
Apparve così il viso di un giovane uomo sui trentacinque anni. Aveva i tratti regolari ed era decisamente di bell'aspetto.
Ancora ridendo, l'uomo portò la mano alla cinta e tirò fuori due oggetti: una bustina di plastica con dentro una pallottola di piombo e una scatolina con decorazioni d'oro. La scatolina che aveva rubato un paio d'ore prima al museo.
L'uomo la osservò alla prima luce del sole che entrava dai vetri sporchi della finestra.
Quella scatolina non valeva molto, forse un paio di migliaia di euro. Normalmente l'uomo non si sarebbe sprecato per così poco, visto che i soldi non erano un problema per lui.
Eppure quella scatolina aveva per lui un valore inestimabile.

Übung 49: Welches Adjektiv ist gemeint?
(a) inestimabile, b) irraggiungibile, c) proibito, d) indispensabile, e) infinito, f) potabile, g) infiammabile)

1. si può bere	☐	5. non finisce più	☐
2. non si può fare	☐	6. assolutamente necessario	☐
3. non ha prezzo	☐	7. brucia facilmente	☐
4. non si può avere	☐		

L'aprì con attenzione. Poi ne osservò l'interno. Sul fondo scoprì i resti di una polvere bianca. Solo qualche granello, ma sarebbe comunque bastato. Proprio per quello aveva rubato la scatolina.

E aveva rapinato quel commissario per riprendere la pallottola. Era sempre importante non lasciare prove nelle mani della polizia.
L'uomo mise la scatolina su un ampio tavolo dove si trovavano già diversi altri oggetti: altre scatoline, lo stelo seccato di un fiore esotico, delle provette contenenti strani liquidi.
Presto avrebbe avuto tutto quello che gli serviva.
L'uomo rise di nuovo. "Un Cagliostro ottiene sempre ciò che vuole", esclamò.

Il commissario Nicoletti e il dottor Lombardo scendevano le scale. "In fondo sono proprio contento che mi accompagni", disse Lombardo. "Non che sia superstizioso, ma quell'uomo con la maschera rossa mi fa un po' paura."
"Oh, non ha niente a che vedere con la superstizione", rispose il commissario. "Si tratta di un individuo reale, mi creda."

ÜBUNG 50 !

Übung 50: Sind die folgenden Sätze richtig ✓ falsch –?

1. Una persona che crede alla magia è superstiziosa. ☐
2. Un migliaio di euro sono esattamente 1000 euro. ☐
3. Un'ampia piazza è una piazza grande. ☐
4. Una donna di bell'aspetto è una donna interessante. ☐
5. Bastare significa essere sufficiente. ☐
6. Un uomo sulla quarantina ha più o meno quarant'anni. ☐
7. L'acqua e il vino sono dei liquidi. ☐
8. L'ananas è un frutto esotico. ☐

In quel momento si aprì il portone.
Fu la padrona di casa ad aprirlo. Quando vide il commissario Nicoletti rimase un minuto sorpresa.

"Oh, dottore, ha visite femminili? Ma Lei lo sa che non lo vedo di buon occhio. Questa è una casa ... ah, ma è Lei, commissario. Mi scusi non L'avevo riconosciuta subito."
Rosa indicò il soffitto.
"Forse dovrebbe sostituire la lampadina rotta", disse, "allora ci si vedrebbe meglio per le scale."
La padrona si limitò a ridere imbarazzata. Non sopportava le critiche.
"Oh, questo", disse, "di questo si occuperà mio marito. Non è vero, Luigi?" gridò rivolta all'indietro.
Luigi brontolò stancamente. Probabilmente la sera prima aveva alzato un po' troppo il gomito.

Übung 51: Fügen Sie die richtigen Präpositionen in die Lücken ein!
(a) per, b) ad, c) a, d) da, e) ai, f) in, g) al)

"In effetti ero venuta per ringraziarLa dell'affitto, dottor Lombardo. Suo zio è stato molto generoso a pagare i prossimi sei mesi (1.) ________ anticipo."
Lombardo non ci capiva più niente.
"Mio zio?" ripetè, "In anticipo?"
"Certamente. Suo zio, quel simpatico signore anziano, è passato prima (2.) ________ me. Mi ha detto che Lei sta lavorando (3.) ________ un nuovo progetto. E che ha bisogno di tutta la sua concentrazione. È chiaro che in una situazione così non ha tempo di pensare (4.) ________ soldi."
"Mio zio?" ripetè Lombardo di nuovo. Continuava a non capirci niente.

Rosa fece un risolino e gli diede un leggero colpetto. "Il vecchio", sussurrò.

Finalmente Lombardo capì. Quel vecchio pazzo si era spacciato (5.) ________ suo zio e aveva pagato l'affitto.

"Oh sì", esclamò infine Lombardo, "capisco. Sì, mio zio è molto generoso. Buona giornata, signora Berlanti", le augurò Lombardo.

"Grazie, anche (6.) ________ Lei", rispose la padrona di casa. "E che i Suoi studi abbiano successo, dottore."

"Glielo auguro anch'io, dottor Lombardo", disse Rosa (7.) ________ suo accompagnatore.

I due uscirono. La nebbia era sparita. Il sole di febbraio splendeva nel cielo.

"È incredibile", mormorò Lombardo, "quanto diventino gentili le persone quando credono che uno abbia parecchi soldi."

"In particolare i padroni di casa", assentì Rosa. "Ma, mi dica, dottore: dove cominciamo le nostre ricerche?"

ÜBUNG 52 !

Übung 52: Schreiben Sie die Übersetzungen der Wörter in Klammern!

Lombardo (1. zuckte mit den Achseln) ________________.

„Non so dove cominci le indagini la polizia, commissario", rispose sorridendo. "Ma so dove ha inizio in genere uno studio (2. wissenschaftlich) ________________: in biblioteca.

Dovremo recarci proprio lì."

In biblioteca, il commissario Nicoletti (3. blickte sich um) ____________________. Dal suo esame finale in criminologia non era più stata in un posto del genere.

Gli unici scaffali pieni di libri li aveva visti ogni tanto (4. in der Buchhandlung um die Ecke) ____________________. Ma qui, nella Biblioteca di Stato, c'erano (5. Tausende, Hunderttausende) ____________________ di libri.

Gli scaffali sembravano non aver fine.

"Mamma mia", mormorò Rosa, "non ho mai visto tanti libri."

"Dove cominciamo ora?" chiese Rosa scoraggiata. "Non Le ha detto niente il vecchio?"

Übung 53: Unterstreichen Sie nur die Paare, in denen ein Adjektiv das Gegenteil vom anderen ist!

ÜBUNG 53 !

1. scoraggiato / coraggioso
2. teso / rilassato
3. imbarazzato / disinvolto
4. credibile / incredulo
5. maleducato / ben educato
6. colpevole / innocente
7. sensato / incerto
8. sconosciuto / famoso

Lombardo si strinse nelle spalle. Ora sembrava anche lui un po' perso.

"No, ha detto solo che avrei trovato una traccia alla Biblioteca di Stato. Io comincerei con i libri che trattano di Cagliostro. Venga, prego."

Il commissario annuì. "Mi sembra una cosa sensata."

Übung 54: Fügen Sie die Synonyme in Klammern in die passenden Lücken ein!
(a) invece, b) La guidò, c) Indicò, d) libri, e) trattano di, f) trascorso, g) sembravano)

Lombardo la precedette. (1. Le fece strada) ________________ lungo file di scaffali che (2. parevano) ________________ non aver fine. Dopo qualche minuto Rosa non avrebbe più saputo ritrovare da sola l'uscita. Il dottor Lombardo, (3. al contrario) ________________, si comportava come se fosse a casa propria. E in un certo modo lo era. Negli ultimi anni aveva (4. passato) ________________ più tempo in biblioteca che a casa.

"Ecco, ci siamo", disse infine. (5. Mostrò) ________________ una lunga fila di scaffali con dozzine di (6. volumi) ________________.

„Sono tutte opere che (7. parlano di) ________________ Cagliostro. In genere sono libri di argomento storico. C'è anche il mio."

"Non vedo l'ora di leggerli tutti", sospirò il commissario.
"Allora cominciamo", rispose Lombardo. Sembrava non aver colto l'ironia nella voce di Rosa.
Lombardo prese una pila di quattro libri da uno scaffale e la mise in mano al commissario. "Prego!" disse.
Rosa fece un altro sospiro. Sarà una giornata lunga, pensò.

Rosa sospirò e guardò l'orologio. Erano già le sei e mezzo di sera. Non poteva più leggere una parola senza che le lettere le ballassero davanti agli occhi.

"Non ce la faccio più!" si lamentò.
Il dottor Lombardo la guardò. Anche i suoi occhi erano arrossati. Richiuse il libro pesante che gli stava davanti.
"Il cervello mi fuma", disse.
Entrambi avevano letto per l'intera giornata tutto quello che c'era da leggere su Cagliostro.
E non avevano trovato la minima traccia.
Il siero dell'immortalità non era menzionato in nessuno dei libri.
"Temo che non abbia senso", scosse la testa il dottor Lombardo.
"Il vecchio non ha detto niente di più preciso?" chiese Rosa. Lombardo scosse la testa di nuovo.
"Ha detto soltanto che avrei trovato un indizio nella Biblioteca di Stato."
"Ma che diavolo voleva dire?" domandò Rosa ad alta voce.
Una signora anziana immersa in un libro alzò gli occhi con espressione di rimprovero.
"Scusi", sussurrò Rosa.
"Temo che la nostra ricerca sia finita ancora prima di cominciare", disse Lombardo.

Übung 55: Welches Synonym ist das „schwarze Schaf"?

1. a) rimproverare, b) sgridare, c) urlare
2. a) avvertimento, b) indizio, c) traccia
3. a) senso, b) notizia, c) significato
4. a) ricerca, b) studio, c) informazione
5. a) ballare, b) cantare, c) danzare
6. a) menzionare, b) accettare, c) nominare
7. a) sperare, b) avere paura, c) temere

Però improvvisamente ebbe un'idea.
"A meno che ..."
Il dottor Lombardo si alzò.
"Dove sta andando?" chiese Rosa.
La signora anziana li guardò arrabbiata e sibilò: "Silenzio!" ma Rosa non se ne curò. Corse dietro al dottore.
"Ho un'idea", disse il dottor Lombardo mentre camminava lungo il corridoio. "Forse la cosa è veramente così semplice ..."
"Che cosa è semplice? Che cosa vuol dire, dottore?"
Il dottor Lombardo si fermò. Stava esattamente davanti ad un grande armadio che gli arrivava fino ai fianchi.
"Questo è lo schedario", spiegò Lombardo. "Tutti i libri della biblioteca sono schedati qui. Normalmente, quando si viene in biblioteca, si fa così: si consulta lo schedario per vedere quali libri ci siano su un certo argomento. Qui sono elencati tutti i libri secondo un indice tematico."

ÜBUNG 56 !

Übung 56: Fügen Sie die passenden Wörter in die Lücken ein!
(a) calcolatore, b) mail, c) fotocopiatrice, d) computer, e) stampante)

1. Al giorno d'oggi in biblioteca tutti dati sono quasi sempre schedati nel ______________.
2. Se voglio fare una somma, uso il ______________.
3. Quando voglio scrivere a qualcuno nel modo più veloce, mando una ______________.
4. Per avere su carta quello che ho scritto nel computer uso la ______________.
5. Per copiare un disegno uso la ______________.

Lombardo toccò quasi orgoglioso lo schedario.
"E perché lo schedario ci dovrebbe aiutare?" chiese Rosa.
"Guardiamo sotto la 'c', come Cagliostro", rispose Lombardo.
Il dottore aprì un cassettino. Al suo interno c'erano centinaia di schede.
Lombardo sfogliò le schede. L'aveva già fatto migliaia di volte. Dopo un paio di secondi si fermò.
"Non è possibile", esclamò.
"Che cosa c'è?" domandò Rosa.
Il dottore tirò fuori una piccola scheda gialla. "Un messaggio", disse. "Nascosto sotto la lettera 'c', come Cagliostro".
"Ben pensato", commentò Rosa. "E che cosa c'è scritto?"
Lombardo ebbe bisogno di un paio di secondi per decifrare la calligrafia. Erano lettere piccole, precise e scritte in modo molto elaborato. La calligrafia sembrava quasi medievale. Una calligrafia così si incontrava raramente al giorno d'oggi.

Übung 57: Ergänzen Sie folgende Sätze!

ÜBUNG 57 !

1. Una lettera senza la f _ _ _ _ è una lettera anonima.
2. Una lettera senza l'i _ _ _ _ _ _ _ _ _ non può essere consegnata.
3. Chi riceve una lettera senza il f _ _ _ _ _ _ _ _ _ _ paga una multa al postino.
4. Una lettera scritta a mano con una c _ _ _ _ _ _ _ _ _ _ poco chiara è illeggibile.
5. La persona che spedisce una lettera si chiama m _ _ _ _ _ _ _ _.

"È un messaggio del vecchio", disse infine Lombardo. "Ha scritto: 'Complimenti, dottor Lombardo. Sapevo che avrebbe trovato il mio indizio. La prego di scusare tanta segretezza. Lei però non è l'unico a voler scoprire il mistero di Cagliostro. Per questo devo usare molta prudenza. E veniamo ora al primo indizio. Come Lei sa, Cagliostro aveva ai suoi tempi continui problemi con la polizia. Per tale motivo ha nascosto la ricetta della sua formula segreta in luoghi diversi. In base alle mie ricerche la prima parte della formula è nascosta in un posto molto vicino.

ÜBUNG 58 !

Übung 58: Welcher Ort ist gemeint?

1. un posto dove andare a prendere un caffè: B _ _
2. un posto dove vedere un film: C _ _ _ _ _
3. un posto dove nuotare in città: P _ _ _ _ _ _
4. un posto dove vedere una partita di calcio: S _ _ _ _ _
5. un posto dove prendere il treno: S _ _ _ _ _ _ _
6. un posto dove comprare le medicine: F _ _ _ _ _ _ _
7. un posto dove andare d'urgenza quando si è feriti:

   P _ _ _ _ _ S _ _ _ _ _ _ _
8. un posto dove aspettare l'autobus: F _ _ _ _ _ _
9. un posto dove andare a ballare: D _ _ _ _ _ _ _ _

Là dove andavano a scuola i carmelitani. Chieda al leone che legge. L'aiuterà!' "
"Come, prego?" chiese Rosa. "Questo è quello che c'è scritto?"
Lombardo si strinse nelle spalle.

Übung 59: Ersetzen Sie die Wörter in Klammern durch ihre Übersetzung!

"(1. Wort für Wort) ______________. Non ho la minima idea di quello che significhi. Al vecchio piace evidentemente parlare per enigmi."

Rosa annuì. "Probabilmente in questo modo vuole (2. verhindern) ______________ che qualcun altro scopra il segreto. Ha fiducia nelle sue qualità d'investigatore, dottore."

Lombardo scosse la testa (3. entschieden) ______________.

"Ma io sono uno studioso, non un (4. Detektiv) ______________!"

"Per quanto possa giudicare, i due (5. Berufe) ______________ hanno dei punti in comune. Sia lo scienziato che l'investigatore devono risolvere un grosso (6. Rätsel) ______________ basandosi su un paio d'informazioni. Quindi rifletta bene, dottore!"

Lombardo rifletté. In effetti, le parole "scuola" e "ordine Carmelitano" sembravano andare insieme in qualche modo. Ma in che modo?

"Ci sono!" esclamò. "Questa potrebbe essere la (7. Lösung) ______________ dell'enigma!"

"Allora, mi dica!" chiese Rosa curiosa.

"Nel quartiere di Dorsoduro c'è una 'scuola' dell'ordine Carmelitano. Un edificio antichissimo. Ci sono passato davanti migliaia di volte."

Il commissario Nicoletti rifletté. A Dorsoduro ci andava di rado.

Übung 60: Ersetzen Sie folgende Adverbien durch eine Präposition in Kombination mit einem Substativ!

1. continuamente — *in continuazione*
2. personalmente ____________________
3. affettuosamente ____________________
4. improvvisamente ____________________
5. silenziosamente ____________________
6. istintivamente ____________________
7. generalmente ____________________
8. attentamente ____________________

"Bene", disse, "questo potrebbe essere il luogo dove dobbiamo cercare. Ma che cosa c'entra il 'leone che legge'?"
Lombardo sospirò. "Non ne ho la minima idea, ma forse lo scopriremo quando saremo là."
"Va bene", disse Rosa e partì di corsa.
"Dove vuole andare?" le chiese Lombardo andandole dietro.
"A prendere la giacca, dottore. Si sbrighi!"

Übung 61: Welche Substantive und Verben gehören zusammen?

1. giacca	☐ a) macchina
2. enigma	☐ b) chitarra
3. suonare	☐ c) conto
4. mettere in moto	☐ d) capelli
5. pagare	☐ e) scherzo
6. fissare	☐ f) appendere
7. apparecchiare	☐ g) risolvere

8. tagliare ☐ h) appuntamento

9. fare ☐ i) tavola

Il dottor Lombardo scosse la testa. Poi seguì il commissario. Nessuno dei due aveva notato l'uomo di bell'aspetto che era seduto al tavolo vicino.
L'uomo richiuse il libro che stava leggendo e seguì Lombardo. Sorrideva sicuro di sé.

Quando Lombardo e il commissario Nicoletti uscirono dalla biblioteca faceva già buio.
Era una notte stellata. La luna si specchiava sul canale. La superficie dell'acqua sembrava uno specchio nero.
"Che bella serata", disse Rosa.
In genere lavorava così a lungo in ufficio che solo di rado riusciva a godersi la serata. E quando finalmente tornava a casa, andava quasi sempre a letto per la stanchezza.
"Sì, siamo fortunati", sorrise Lombardo. "Quale altra città ha i canali al posto delle strade?"
Andarono alla fermata del vaporetto e si misero ad aspettare.

Übung 62: Unterstreichen Sie im Text die Übersetzung der Wörter in Klammern!
(1. heimlich, 2. blass, 3. schien, 4. zauberhaft, 5. tollpatschig, 6. vertiefen, 7. legte an, 8. Rufe, 9. Anlegesteg)

ÜBUNG 62

Lombardo guardò furtivamente il commissario. Aveva la pelle sempre un po' pallida, probabilmente per via del troppo lavoro in ufficio. Ma ora, alla luce della luna, il suo viso risplendeva in modo molto affascinante.

Lombardo si chiese quando fosse uscito l'ultima volta con una donna. Rosa non mostrò di aver notato gli sguardi del dottore. Lombardo era un po' impacciato, ma comunque un uomo attraente. E sembrava non avere problemi col fatto che lei fosse della polizia. Quasi tutti gli altri uomini invece ne erano intimiditi.
Probabilmente avevano qualcosa da nascondere.
Prima che potesse approfondire quest'idea, Rosa udì il rumore del vaporetto. Un paio di secondi più tardi l'imbarcazione attraccò.
Lombardo e Rosa erano appena saliti sul vaporetto quando sentirono delle grida dietro di loro. Si voltarono.
Un gruppo di persone mascherate correva verso la barca.
"Aspettate!" gridò una delle maschere. "Vogliamo salire anche noi!"
Pazientemente l'uomo sul molo attese che il gruppo fosse salito a bordo per dare al pilota il segnale di partenza. Il vaporetto si mosse.

Le persone in maschera ridevano allegramente. Probabilmente si stavano recando ad un ballo e avevano già bevuto qualche bicchierino di troppo.

ÜBUNG 63 !

Übung 63: In vier Sätzen ist die Reihenfolge der Wörter falsch. Verbessern Sie sie!

1. (Una costume in un sontuoso prosecco bianco e nero offrì a donna di Lombardo una bottiglia)

____.

2. (un vuole Ne sorso?) "______________________", chiese un po' ubriaca. "Ha una faccia così seria – proprio a carnevale!"
Lombardo scosse il capo. "No, grazie", rispose gentilmente.
La donna mascherata rise. "Pazienza!

3. (già dire che bevuto Vuol ha!)

____ !

4. (Con suo queste rivolgersi al parole tornò gruppo a)

____ .

Le risate si fecero più forti.

"Dottor Lombardo, Lei non ama molto il carnevale, vero?" chiese Rosa con un sorriso.
"Non troppo", rispose Lombardo. "Non mi piace dover essere allegro solo perché è il periodo di carnevale. E Lei?"
Rosa si schermì.
"Il tempo per festeggiarlo, in ogni caso, mi manca."
Lombardo annuì.
"Capisco. Il crimine non dorme mai."
"Esatto. Per questo vado sempre a letto così tardi."

Übung 64: Entscheiden Sie, ob folgende Aussagen richtig ✓ falsch – sind!

ÜBUNG 64 !

1. Le persone mascherate stavano andando ad un ballo. ☐
2. Lombardo non vede l'ora che arrivi il carnevale. ☐
3. Rosa Nicoletti non si perde mai un ballo in maschera. ☐
4. Il commissario va a dormire col tramonto. ☐
5. La donna in costume bianco e nero era sobria. ☐

Si guardarono per un secondo.
Poi ci fu un movimento brusco dell'imbarcazione. Il vaporetto aveva attraccato. Il gruppo di persone mascherate scese rumorosamente.

Lombardo e Rosa Nicoletti lasciarono per ultimi il vaporetto. "Siamo arrivati", disse il commissario. "Dorsoduro. E ora? Io non conosco per niente questa zona."

ÜBUNG 65 !

Übung 65: Übersetzen Sie folgenden Dialog!

1. „Entschuldigen Sie bitte! Ich kenne mich in Venedig überhaupt nicht aus. Wo kann ich den Vaporetto nach San Polo nehmen?"

2. „Sehen Sie den Steg da drüben? Da können Sie die Linie C nehmen. Passen Sie aber auf und steigen Sie nicht in den Vaporetto D ein! Der fährt nämlich direkt nach San Giorgio!"

3. „Muss ich die Fahrkarte an Bord stempeln?"

4. „Nein, auf dem Steg, bevor der Vaporetto anlegt. Gute Fahrt!"

Il dottor Lombardo si guardò intorno. Anche lui ebbe bisogno di qualche secondo per orientarsi.
Poi indicò un vicoletto non lontano dalla riva.

Übung 66: Ergänzen Sie die Sätze mit der Verkleinerungsform!

1. Un piccolo vicolo è un vicoletto.
2. Una piccola piazza è una ________.
3. Una piccola strada è una ________.
4. Una piccola casa è una ________.
5. Un piccolo abito è un ________.
6. Un piccolo bicchiere è un ________.
7. Un piccolo armadio è un ________.
8. Una piccola porta è una ________.
9. Una piccola valigia è una ________.

"Se mi ricordo bene, dobbiamo andare per di là. È lì che si trova la Scuola dei Carmini."

"Bene, La seguo, dottore. Ma ha idea di che cosa sia il 'leone che legge'?"

Lombardo sospirò e scosse la testa. "Continuo a non averne la minima idea. Forse lo scopriremo quando saremo lì."

"Speriamo bene!" mormorò Rosa e andò dietro al dottore.

I due non si accorsero di una figura che li seguiva in silenzio. Di tanto in tanto, alla luce della luna, il suo mantello mandava bagliori rosso sangue.

Poco dopo la Nicoletti e Lombardo furono davanti alla Scuola dei Carmini. Mentre ammiravano la stupenda facciata, apparivano tutti e due un po' perplessi.

"Ci siamo", disse Rosa Nicoletti. "E ora?"

"Innanzi tutto vediamo se ci fanno entrare", rispose Lombardo. Bussò al portone.

Übung 67: Ordnen Sie die Buchstaben zu sinnvollen Wörtern!

Per un po' non (1. scecusse) __________ niente.

Poi si sentirono dei passi esitanti. La porta si aprì solo un po'. Un piccolo prete dall'abito nero guardò il dottore e il commissario.

"Prego?" chiese (2. tiseante) __________. "In che cosa posso esservi utile?"

Il commissario si raschiò la gola e mostrò il tesserino della polizia.

"Buona sera, padre. La prego di scusarci se La disturbiamo così tardi. Sono il commissario Nicoletti della polizia cittadina. E questo è il mio, ehm, (3. satesisten) __________, il dottor Lombardo."

Il prete diede un'occhiata diffidente al tesserino.

"Lieto di conoscerLa, signora. Posso aiutarLa in qualche modo?"

"Lo spero", rispose il commissario. "Stiamo indagando su un (4. lodetti) __________. E pensiamo che qui vi sia una (5. tricaca) __________ che porti alla soluzione del (6. saco) __________. Qui, in questo (7. fecodiii) __________."

Il sacerdote alzò un sopracciglio.

"Un delitto? Qui? Nella Scuola dei Carmelitani? Non me lo immagino proprio."

"Non si preoccupi, padre", disse il commissario Nicoletti. "Come Le ho detto, stiamo solo cercando una traccia importante. Possiamo entrare brevemente?"

Übung 68: Welche Körperteile sind gemeint?

1. In Italia, quando ci si saluta, si usa baciarsi sulle g _ _ _ _ _ e.

2. Parecchi calciatori sono stati operati al g _ _ _ _ _ _ _ o.

3. Il fumo fa male ai p _ _ _ _ _ i.

4. Il tovagliolo serve a pulirsi le l _ _ _ _ a prima di bere.

5. Il c _ _ _ _ e è il "motore" del corpo umano.

6. La memoria umana è controllata dal c _ _ _ _ _ _ _ o.

Il prete si strinse nelle spalle. "Certo. Perché no."
Si fece indietro ed aprì la porta. Lombardo e Rosa entrarono.
L'interno del palazzo era ancora più lussuoso dell'esterno. Gli alti soffitti erano decorati con stucchi. Meravigliosi dipinti di soggetto religioso ornavano le pareti.
"Le pitture sono bellissime", disse il commissario con ammirazione.
Il prete sorrise. "Vero? Sono di Gianbattista Tiepolo. Sono state dipinte tra il 1739 e il 1744. Ma Lei non è qui per ammirare le opere antiche, no?"
"No, padre", rispose Lombardo. "Cerchiamo qualcosa di preciso."
"E cioè?"
"Un leone che legge".
Il prete si mise a ridere. "Un leone che legge? Perché non vi siete rivolti ad uno zoo per animali particolarmente intelligenti? O è uno scherzo di carnevale?"
"Le assicuro che la cosa è seria e non si tratta di uno scherzo", rispose il commissario Nicoletti. "Anche se mi rendo perfettamente conto di quanto tutto ciò possa sembrare strano."

„È proprio così", commentò il prete. "Guardatevi intorno quanto volete. Io ho altro da fare. L'uscita la trovate da soli. Buona sera." Con queste parole il sacerdote se ne andò lasciando soli il commissario e Lombardo.
Lombardo lo guardò allontanarsi.
"Lo capisco se non crede alle nostre parole. Forse il vecchio era semplicemente affetto da demenza senile. Un leone che legge – una cosa simile non è mai esistita."

ÜBUNG 69 !

Übung 69: Wo befindet sich was? Finden Sie die richtigen Paare!

1. piazza	☐ a) fiori
2. fontana	☐ b) tavola da surf
3. porto	☐ c) monumento
4. zoo	☐ d) vino
5. deserto	☐ e) benzina
6. stazione di servizio	☐ f) pinguini
7. mare	☐ g) pesci rossi
8. cantina	☐ h) oasi
9. tabaccaio	☐ i) navi
10. prato	☐ l) sigarette

"Almeno guardiamoci intorno, prima di darci per vinti", disse Rosa. Ma anche lei non sembrava troppo ottimista.
Sospirando, i due si mossero. Osservarono ogni quadro, ogni scultura, ogni stucco. Qui e là scoprirono anche delle immagini di leoni. Ma nessuno di quei leoni leggeva.
Dopo tre quarti d'ora avevano perlustrato l'intero edificio. Senza successo.
"Non ha senso", sospirò Rosa. "In questo modo non troveremo mai l'indizio."

"Lo credo anch'io. Smettiamo per oggi. Io sono stanco e mi fanno male i piedi", si lamentò Lombardo.
Un paio di minuti più tardi Rosa e il dottore erano di nuovo all' aperto.
La luna illuminava chiaramente i canali. Da qualche parte provenivano i rumori allegri di una festa di carnevale.

Übung 70: Hier geht es um Geräusche!
Sind folgende Sätze richig ✓ falsch –?

1. Il pavimento di legno scricchiola. ☐
2. Il telefono squilla. ☐
3. I passi sussurrano. ☐
4. La porta cigola. ☐
5. La campana suona. ☐
6. La sirena urla. ☐
7. Il vento fischia. ☐
8. Il cuore batte. ☐

"Beati loro!" sospirò Rosa. "Loro si divertono e noi corriamo dietro a delle figure di fantasia."
Lombardo annuì. "Se solo il vecchio fosse stato un po' più preciso."
Improvvisamente Rosa sentì un rumore. Si girò. Le era sembrato di sentire dei passi. Dei passi furtivi.
"Tutto bene?" chiese Lombardo.
Rosa si guardò intorno. Il piccolo vicolo era deserto. Probabilmente si era sbagliata. O forse un topo aveva attraversato la strada.
"Mi pare già di sentire i fantasmi", disse stringendosi nelle spalle. "Andiamo. Dottore ...?"
Il dottor Lombardo fissava come ipnotizzato la facciata della Scuola.
"Che cosa Le succede, dottore?"

"La soluzione del mistero", rispose Lombardo con un filo di voce. Il commissario Nicoletti lo guardò con aria interrogativa. "Che vuol dire?" chiese.

Lombardo indicò la facciata di pietra. "Guardi un po' lì!"

Indicò una piccola decorazione di circa trenta centimetri sulla facciata della casa. Era un antichissimo medaglione che avrebbe dovuto proteggere l'edificio.

! ÜBUNG 71

Übung 71: Übersetzen Sie folgende Sätze!

1. Ich hätte gerne einen Liter Wasser und ein Kilo Brot!

2. Der Bilderrahmen misst 12 mal 10 Zentimeter.

3. Ich habe ein Pfund Käse gekauft.

4. Die nächste Tankstelle ist fünf Kilometer entfernt.

5. Die Hecke ist anderthalb Meter hoch.

6. Für die Nachspeise brauche ich 50 Gramm Rosinen.

7. Der Park hat eine Fläche von zwölf Quadratkilometern.

Il medaglione rappresentava un leone alato che reggeva un libro! "Non è possibile!" esclamò Rosa. "Un leone che legge! O comunque

un leone che tiene un libro. Che il vecchio intendesse proprio questo?"
"Suppongo di sì", rispose Lombardo.
"E ora?" chiese Rosa eccitata. "Che cosa facciamo a questo punto?"
"Suppongo che il prossimo indizio sia proprio in quel piccolo leone. Ha per caso una lampada tascabile? È troppo scuro per leggere che cosa c'è scritto su quel libro in miniatura."
"Ma certo", rispose Rosa. Aveva sempre una pila attaccata al portachiavi. La prese e la porse al dottore.

Übung 72: Enträtseln Sie folgende Definitionen! (Es sind alles zusammengesetzte Wörter.)

1. Ci butto la cicca della sigaretta.

   P _ _ _ _ _ _ _ _ E

2. Lo indossa chi non sa nuotare.

   S _ _ _ _ _ _ _ E

3. Quando vado a teatro, ci lascio il cappotto.

   G _ _ _ _ _ _ _ A

4. Ci appendo giacca e cappello quando torno a casa.

   A _ _ _ _ _ _ _ _ _ I

5. Permette di attraversare sottoterra una strada con molto traffico.

   S _ _ _ _ _ _ _ _ _ _ _ O

6. Ci lascio l'ombrello quando non mi serve.

   P _ _ _ _ _ _ _ _ _ _ I

7. In banca ci tengono i soldi al sicuro.

   C _ _ _ _ _ _ _ _ E

8. La metto nel videoregistratore per vedere in casa il mio film preferito.

   V _ _ _ _ _ _ _ _ _ _ A

9. È la lingua in cui i bambini dicono le prime parole.

   M _ _ _ _ _ _ _ _ A

"Tenga, prego. Non fa molta luce, ma ..."
"... è sufficiente", rispose Lombardo.
Accese la lampada tascabile e diresse il raggio di luce sul piccolo leone.
"Allora?" chiese Rosa curiosa.
"Sul libro che regge il leone ci sono delle parole minuscole. Incise nel metallo."
"E allora? Che cosa dicono?" chiese Rosa eccitata.
"Un momento. Ho bisogno degli occhiali."
Con una certa lentezza il dottor Lombardo infilò la mano nella tasca della giacca, tirò fuori gli occhiali e se li mise sul naso.

ÜBUNG 73 !

Übung 73: Welches Wort ist das „schwarze Schaf"?

1. a) occhiali, b) binocolo, c) macchina fotografica
2. a) piccolissimo, b) invisibile, c) minuscolo
3. a) distratto, b) agitato, c) eccitato
4. a) tenere, b) dare, c) reggere
5. a) costume da bagno, b) due pezzi, c) giacca
6. a) temere, b) supporre, c) immaginare

Poi studiò di nuovo la piccola iscrizione sulla figurina.
"Allora?" chiese Rosa impaziente.
"Piano, commissario", rispose Lombardo. "Sto facendo del mio meglio. Qui c'è scritto: 'La settima pianta cresce dove le gondole trovano aiuto'."
"Come, prego?" domandò Rosa. "E che significa?"
Lombardo si tolse gli occhiali.
"Mi dispiace, commissario. Purtroppo non lo so neanch'io. Posso solo leggere quello che c'è scritto."
"Dove le gondole trovano aiuto", ripeté Rosa. "E qual è poi la 'settima pianta'?"

Übung 74: Fügen Sie die Wörter in Klammern in die passenden Lücken ein!
(a) silenziosamente, b) indovinare, c) riparano, d) formula, e) stretto, f) elementi, g) coppia)

ÜBUNG 74 !

"Posso solo tirare a (1.) ______________. Probabilmente la (2.) ______________ è costituita da diversi (3.) ______________ a base vegetale. E il settimo di questi elementi è appunto una pianta che cresce ... dove Lei sa."
"Il vecchio ci rende la cosa proprio difficile", mormorò Rosa.
Rivolse lo sguardo verso l'acqua dello (4.) ______________ canale ai suoi piedi. Una gondola avanzava (5.) ______________. A bordo c'era una (6.) ______________ in maschera. La scena avrebbe potuto svolgersi nel diciassettesimo secolo.
"Un momento!" disse Rosa. "Potrebbe essere così!"
Il dottore la guardò curioso. "Che cosa intende dire?"

"Beh, 'dove le gondole trovano aiuto' potrebbe significare 'dove si (7.) __________ le gondole'. Io non sono un'esperta, ma in questa zona non ci sono parecchi cantieri? Per le gondole?"

Lombardo rifletté.
"Dire 'cantieri' è forse un po' esagerato. Però ci sono parecchie officine specializzate nel riparare le gondole. Lei ha ragione, forse questa è l'interpretazione giusta."
"Allora, che cosa aspettiamo? " chiese Rosa che non vedeva l'ora di mettersi in azione.

! ÜBUNG 75

Übung 75: Unterstreichen Sie die richtige Alternative!

1. Il meccanico/l'operaio ripara l'automobile rotta.
2. Se i freni non funzionano bene, porto la macchina all'officina/al distributore di benzina.
3. Per accorciare i pantaloni vado dal sarto/dall'aggiustatore.
4. Il muratore/il falegname costruisce la casa.
5. Se parcheggio in sosta vietata, rischio che il trattore/il carro attrezzi mi porti via la macchina.
6. Se i tacchi delle mie scarpe sono consumati, vado dal calzolaio/dallo scarparo.
7. Quando un elemento del motore deve essere sostituito, il meccanico ordina un pezzo di ricambio/una parte di riserva.

"Aspettiamo una gondola", disse Lombardo sorridendo. "La cosa migliore è andarci per via d'acqua. Allora facciamo come i turisti e prendiamo una gondola. Non credo che il vaporetto passi da quelle parti."
Lombardo andò sulla riva del canale e cercò con lo sguardo. Nel

periodo di carnevale anche a quell'ora c'erano parecchie gondole. Lombardo fece cenno ad un gondoliere.

Un paio di minuti più tardi Rosa e il dottore sedevano nella parte posteriore di una gondola. Il gondoliere lasciò la riva.

A Rosa scappò un sorriso. "Sa che non sono mai stata in gondola?" disse. "Eppure sono nata a Venezia."

"Ha perso molto", commentò Lombardo guardando il commissario negli occhi.

Rosa sorrise imbarazzata.

"Peccato che sia in servizio", aggiunse.

"Dove andiamo?", chiese il gondoliere.

"Al Rio San Trovaso, per favore. Dove si riparano le gondole. Sa dov'è?"

L'uomo sorrise. "Certo che lo so. Ci sono stato spesso con la mia gondola. A dire il vero, sarebbe ora che ci torni di nuovo."

*Übung 76: Übersetzen Sie folgende Sätze! Achtung: Das Wort **„ora“** (bzw. **„ore“**) soll in jedem Satz vorkommen!*

1. Es ist Zeit abzufahren.

2. Wir sehen uns morgen zur selben Zeit.

3. Ich kann es kaum erwarten, dich zu besuchen.

4. Es ist höchste Zeit, dass er weggeht.

5. Ich versuche immer, die Stoßzeit zu vermeiden.

6. Marco verdient 30 € pro Stunde.

7. Marisa arbeitet stundenweise.

Rosa inghiottì.
"Sa nuotare, no?" chiese per scherzo Lombardo.

ÜBUNG 77

Übung 77: Unterstreichen Sie die sechs Wörter, die falsch geschrieben sind!

Un paio di minuti dopo la gondola attaccò ad un piccolo pontile. Il dottor Lombardo aiutò Rosa a scendere. Poi tirò fuori il portofogli per pagare il gondoliere.
"Quanto Le devo?" chiese.
"Aspetti, sono ... nove euri."
"Nove euri?" ripeté Lombardo. "È un prezzo da usuraio! Per un paio di metri?!" Il gondoliere si strinze nelle spalle.
"È il periodo di carnevale. E anche i prezi ne risentono, signore. Ma Le faccio un offerta: per venti euri L'aspetto e La riporto indietro. D'accordo?"

Lombardo riflетté brevemente.
Il commissario Nicoletti lo precedette. "Buona idea. Non ci metteremo molto."
"Per me continua ad essere un usuraio – comunque, pazienza. Non ci resta altro da fare se vogliamo muoverci da qui."

Il commissario sorrise al dottore.

"Via, non esageri, dottore. Dopotutto ha appena incassato 5000 euro."

Lombardo sospirò. Il commissario aveva ragione. Era successo quella mattina stessa, eppure gli sembrava che fossero passati giorni.

"Va bene", disse infine. "Ci aspetti qui, d'accordo?"

Il gondoliere annuì. "Ma si sbrighi. Non ho tempo tutta la notte. A carnevale faccio gli affari migliori."

Lombardo si limitò ad annuire e seguì il commissario Nicoletti.

Übung 78: Entscheiden Sie, ob folgende Aussagen zum Text richtig ✓ falsch – sind!

1. La corsa in gondola costa 9 euro andata e ritorno. ☐
2. A Venezia, nel periodo di carnevale, tutto costa di più. ☐
3. Il commissario Nicoletti è di Venezia. ☐
4. Le officine dove si riparano le gondole si trovano nel Rio San Polo. ☐
5. Il gondoliere sta in piedi nella parte posteriore della gondola. ☐
6. Rosa e Lombardo prevedono una lunga visita alle officine. ☐

I due risalirono un'ampia passerella di legno. A destra e a sinistra c'erano gondole in secca. Alla luce della luna sembravano dei grandi pesci arenati.

"Questo posto mette un po' paura", sussurrò Lombardo. A quell'ora le officine erano deserte. Solo qua e là brillava una lucina dietro alle finestre delle capanne.

Il commissario annuì. Si guardò intorno.
Era ancora febbraio e il terreno era gelato. Non ci cresceva proprio nessuna pianta.

ÜBUNG 79 !

Übung 79: Fügen Sie die Wörter in Klammern in die passenden Lücken ein!
(a) bosco, b) alghe, c) erba, d) rose, e) cipressi, f) palme, g) siepe)

1. Nel __________ ci sono moltissimi alberi.
2. Ai Caraibi i turisti prendono il sole all'ombra delle __________.
3. In Toscana ci sono parecchi __________.
4. In giardino un'alta __________ protegge dagli occhi indiscreti dei vicini.
5. Mio marito mi ha regalato un mazzo di __________ rosse.
6. Non mi piace fare il bagno in mare quando ci sono troppe __________.
7. L' __________ del vicino è sempre più verde.

"Non so perché siamo venuti fin qui", disse scoraggiata. "O forse vede qualche pianta, dottore?"
Anche il dottore si guardò intorno. "No, purtroppo no. Forse le piante erano intese in senso simbolico."
"Un altro enigma, vero? Ma se è così, io sono troppo stanca per risolverlo. Che cosa avrà voluto dire il vecchio?"
Lombardo respirò profondamente. Sentiva freddo.
Impossibile che in quella stagione crescessero dei fiori. A meno che non si trattasse di ... piante sempreverdi.
Lombardo osservò la facciata di una delle capanne. Poi rise. "Ma

certo! Ci siamo stati davanti tutto il tempo. Commissario, guardi!" Rosa Nicoletti alzò gli occhi.
Il dottore indicò eccitato la facciata della capanna davanti a loro. Era completamente ricoperta d'edera.
Lombardo si avvicinò, strappò un paio di foglie d'edera e le agitò con aria trionfante.

Übung 80: Welche Substantive und Verben gehören zusammen?

ÜBUNG 80 !

1. vincitore	☐	a) inquinare	5. stelle	☐	e) crescere
2. piante	☐	b) scorrere	6. acqua	☐	f) recitare
3. smog	☐	c) remare	7. gondoliere	☐	g) brillare
4. attore	☐	d) trionfare			

"Il vecchio deve aver inteso proprio questo."
"Ma questa è comune edera."
Lombardo si strinse nelle spalle. "Può darsi. Forse però produce un effetto speciale insieme agli altri ingredienti della formula. Chi lo sa?"
Il commissario scosse la testa. "A questo punto sembra quasi che Lei creda a tutte quelle sciocchezze sul siero dell'immortalità."
"Ma no, certo che no", rispose Lombardo con decisione.
Però non ne era più tanto sicuro. Voleva aggiungere qualcosa quando, nella tasca della sua giacca, qualcosa vibrò. Era il cellulare. "Oh, mi scusi", disse tirando fuori il telefonino. Lombardo accostò il cellulare all'orecchio. Chi sarà mai, si chiese. Normalmente riceveva poche telefonate al cellulare. E poi non a quell'ora.
"Pronto", disse nel ricevitore.

ÜBUNG 81

Übung 81: Übersetzen Sie folgende Sätze!

1. Wo ist die nächste Telefonzelle?

2. Der Anschluss ist besetzt.

3. Haben Sie eine Telefonkarte zu 15 Euro?

4. Tut mir Leid. Sie haben sich verwählt.

Una voce roca tossì all'altro capo della linea.
"La prego di scusarmi, dottore. La mia salute non è delle migliori."
Era il vecchio!
"C-Come conosce il numero del mio cellulare?" domandò Lombardo sorpreso. "Non è nell'elenco telefonico."

ÜBUNG 82

Übung 82: Ergänzen Sie die Sätze mit den Adjektiven in Klammern!
(a) impaziente, b) sorpreso, c) bugiardo, d) indeciso, e) raffreddato)

1. Un uomo che non sa o non vuole aspettare è ______.
2. Un uomo che non dice la verità è ______.
3. Un uomo che esita prima di fare qualcosa è ______.
4. Un uomo che riceve una notizia inaspettata è ______.
5. Un uomo che tossisce e starnutisce è ______.

Il vecchio all'altro capo della linea rise.
"Non crederà che affidi un lavoro a qualcuno senza prima aver preso esatte informazioni sul suo conto, caro dottore. Ma lasciamo perdere ... Suppongo che nel frattempo abbia trovato il settimo elemento."

Übung 83: Streichen Sie die vier textfremden Sätze durch!

"Ehm, sì, credo di sì", rispose Lombardo un po' insicuro. "Noi ..." Il vecchio lo interruppe.
Sapeva quello che stava facendo il gondoliere.
"Non abbiamo molto tempo, dottore. L'edera non era difficile da trovare e sono sicuro che anche *lui* ne abbia ormai un paio di foglie."
"Lui chi?" chiese Lombardo meravigliato. Ma il vecchio ignorò la sua domanda.
"Deve mettersi subito alla ricerca del prossimo ingrediente. E questa volta la cosa non sarà così facile. Si tratta di un sacchetto di pelle. Lo troverà dove la speranza sulla carta passa ai sospiri sull'acqua. La saluto, dottore."
"Un momento! Aspetti!" gridò il dottor Lombardo nel ricevitore.
Troppo tardi. Il vecchio aveva già riattaccato. Una mosca si mise a ronzare.
"Che cos'è successo?" chiese il commissario. "Chi ha chiamato?" Le veniva da urlare. Eppure non stava piovendo.
Lombardo scosse il capo. Gli enigmi del vecchio stavano cominciando ad urtargli i nervi.

Übung 84: Unterstreichen Sie die richtige Übersetzung!

1. "Luisa ha i nervi" heißt
   a) Luisa hat gute Nerven.
   b) Luisa hat schlechte Laune.
2. "Nervi a posto!" heißt
   a) Ruhe bewahren!
   b) Nerv mich nicht!
3. "Marco ha i nervi a fior di pelle" heißt
   a) Marco kann sich sehr gut beherrschen.
   b) Marco ist ein Nervenbündel.

Poi riferì al commissario Nicoletti le misteriose parole del vecchio. "Che cosa avrà voluto dire?" chiese Rosa perplessa.

"Non lo so", rispose Lombardo. "E perché poi il vecchio parla sempre per enigmi?"

Il commissario si strinse nelle spalle.

"Suppongo abbia paura di avere il telefono sotto controllo. O che le sue telefonate, dottore, vengano intercettate."

"Le mie telefonate? Lei vuol scherzare, commissario."

"Niente affatto", rispose Rosa. "I telefonini sono incredibilmente pratici, ma anche uno stupido può intercettarne le telefonate. Basta avere le apparecchiature giuste. E chiunque può procurarsele, se ha i soldi per pagarle."

"Lei allora crede che il nostro misterioso inseguitore abbia intercettato le mie conversazioni al cellulare?"

"È possibilissimo", si limitò a rispondere Rosa. Lavorando nella polizia non si meravigliava certo di una cosa del genere.

"E ora che facciamo?" domandò Lombardo. Rimise il telefonino

nella tasca della giacca, non senza avergli prima lanciato uno sguardo diffidente.
“Propongo per prima cosa di tornare indietro. Sempre che il gondoliere ci aspetti ancora …”
Lombardo si mise in tasca un paio di foglie d’edera e seguì il commissario fino al canale.

Übung 85: Füllen Sie die Lücken mit dem passenden Wort!
(a) affari, b) appena, c) impaziente, d) passi, e) ondeggiando, f) ombra, g) fretta, h) Calma)

Il gondoliere li aspettava sulla riva fumando (1.) ____________ una sigaretta.
“Finalmente”, esclamò quando vide la Nicoletti e Lombardo uscire dall’ (2.) ____________ . “Per poco sarei partito senza di voi!”
“Eccoci, veniamo. (3.) ____________!”
“Lei parla bene”, ribattè il gondoliere. “Non è Lei a perdersi gli (4.) ____________ migliori dell’anno.”
Con (5.) ____________ veloci Rosa e Lombardo raggiunsero la gondola. Avevano (6.) ____________ fatto in tempo a salire che il gondoliere ripartì. Aveva veramente (7.) ____________ .
Qualche secondo dopo la gondola si muoveva (8.) ____________ sul canale.

ÜBUNG 85 !

“Se va ancora più veloce mi farà venire il mal di mare”, si lamentò Rosa.
Lombardo non l’ascoltava. Ripeteva a bassa voce le parole del vecchio.

"Dove la speranza sulla carta passa ai sospiri sull'acqua. Che vorrà dire?"

Il gondoliere si girò verso Lombardo.

"Mi scusi, signore: ho sentito per caso le sue parole. Non so a che gioco giochiate voi due, ma questo enigma è piuttosto facile da risolvere. Almeno se si è della zona."

Il commissario e Lombardo lo guardarono meravigliati.

"Che intende dire?" chiese Rosa stupita.

ÜBUNG 86 !

Übung 86: Unterstreichen Sie die richtige Alternative!

"Beh", disse il gondoliere. "Io porto a spasso tutto l'anno i turisti per i canali. E più gli parlo delle bellezze di Venezia, più sono generosi con (1.) gli assegni/le mance. Capisce?"

Il gondoliere fece l'occhiolino divertito a Lombardo e Rosa.

"Capisco", disse Lombardo. "Ma questo che (2.) c'entra/ci va con l'enigma?"

"È molto semplice, signore. Conosce il Palazzo Ducale in Piazza San Marco?"

"Certo", rispose Lombardo. Era uno degli edifici più famosi e più belli della città.

"Come forse sa, era (3.) tradizione/obbligo in passato attaccare all'ingresso principale del palazzo (4.) degli appunti/dei biglietti con le richieste rivolte ai dogi."

"È vero!" esclamò il dottor Lombardo. Perché non ci era arrivato da solo? (5.) Anni/Secoli prima, gli abitanti di Venezia mettevano per iscritto preoccupazioni e (6.) sogni/desideri su dei foglietti che attaccavano all'ingresso del palazzo, nella (7.) speranza/volontà che il doge ne tenesse conto.

"Per questo quell'ingresso era (8.) chiamato/nominato allora anche 'Porta della Carta'!"

"Quindi la speranza sulla carta sono i foglietti che venivano attaccati sulla Porta", annuì Rosa. "Capisco. Ma la seconda parte dell'enigma? Dov'è che la speranza passa al sospiro sull'acqua? È una frase poetica, ma non ha (9.) senso/contenuto, se vuole la mia opinione."
"Via, signora, è proprio facile. È chiaro che si tratta del ... Ponte dei Sospiri!"
Lombardo si battè la fronte col (10.) dorso/palmo della mano.
"Chiaro! Avrei dovuto pensarci anch'io. Può portarci là?"
Il gondoliere tese la mano. "Volentieri, signore. Al prezzo di ... diciamo ... 50 euro in più!"

Übung 87: Ersetzen Sie die unterstrichenen Wörter durch das passende Synonym in Klammern!
(a) circa, b) costumi, c) giungevano, d) la spensieratezza, e) portare, f) i contorni, g) proibito, h) velocemente)

Di buon umore, il gondoliere impiegò (1. più o meno) ______________ mezz'ora per (2. condurre) ______________ il dottore e il commissario a Piazza San Marco.
Alla luce argentea della luna Lombardo e Rosa Nicoletti potevano già riconoscere (3. le forme) ______________ del Palazzo Ducale.
"Non può remare un po' più (4. rapidamente) ______________?" chiese il commissario impaziente.
Il gondoliere scosse la testa. "Lo sto già facendo, cara signora. Si calmi."

Rumore di risate e musica (5. venivano) ______________ da Piazza San Marco. Nel periodo di carnevale la Piazza era il centro dei festeggiamenti. Anche a quell'ora tarda c'erano ancora dozzine di persone in maschera.

Mentre la gondola si avvicinava, Lombardo poté distinguere gli stupendi (6. abiti) ______________ delle maschere. Molti di quei costumi erano ispirati a quelli originali del Medioevo.

Il carnevale a Venezia aveva una lunga tradizione. E dire che per 200 anni era stato (7. vietato) ______________.

A Napoleone e alla Chiesa infatti (8. l'allegria) ______________ del carnevale nella città lagunare non piaceva per niente.

Solo nel 1978 il carnevale venne reintrodotto ufficialmente. Da allora, nei dieci giorni precedenti il mercoledì delle ceneri, l'intera città era dedita ai festeggiamenti.

ÜBUNG 88 !

Übung 88: Sind folgende Aussagen zum Text richtig ✓ falsch –?

1. Il Palazzo Ducale è dietro Piazza San Marco. ☐
2. A Venezia il carnevale si festeggia da ben 200 anni. ☐
3. Napoleone amava i balli di carnevale. ☐
4. Il carnevale si festeggia fino a mezzanotte. ☐
5. Le maschere di oggi assomigliano spesso a quelle medievali. ☐

6. Rosa e Lombardo si godono la romantica gita in gondola. ☐
7. Il mercoledì delle ceneri è l'ultimo giorno di carnevale. ☐

Qualche sfortunato però doveva lavorare anche in quei giorni. Il dottor Lombardo e il commissario Nicoletti, per esempio.
Impazienti, i due facevano fretta al gondoliere.
Finalmente la gondola raggiunse l'antichissimo Ponte dei Sospiri.
"Siamo arrivati", disse il gondoliere. "Ecco il Ponte dei Sospiri. Collega il Palazzo Ducale con le prigioni dall'altra parte del canale. Per questo si chiama così. In quelle prigioni furono rinchiusi personaggi famosi. Casanova, per esempio, che però riuscì a fuggire. E poi ..."
Il commissario Nicoletti gli tolse la parola di bocca.

Übung 89: Vervollständigen Sie die italienische Übersetzung!

ÜBUNG 89 !

1. Viel Glück! In bocca al __________!
2. Ich bin nicht wählerisch. Sono di bocca __________.
3. Kein Wort darüber! __________ in bocca!
4. Er ist leer ausgegangen. È restato a bocca __________.
5. Ich stand mit offenem Mund da. Sono rimasto a bocca __________.

"Basta così, amico. Noi non siamo turisti. Conosciamo già la storia della nostra città."
Il gondoliere sorrise. "Va bene, cara signora. È una malattia del mestiere. Sono così abituato a mostrare la città ai turisti che, non

appena vedo un edificio famoso, comincio subito a raccontarne la storia."

"D'accordo", disse Lombardo. "Mi dica piuttosto come facciamo ad arrivare là sopra."

Il commissario guardò in alto. La gondola si trovava ora esattamente sotto il Ponte dei Sospiri. Il problema era solo che il ponte stava a otto metri buoni sul livello dell'acqua. E il vecchio, al telefono, aveva detto che il sacchetto si trovava sulla parte inferiore del ponte.

Lombardo si guardò intorno.

A destra e a sinistra dello stretto canale si elevavano verticali le facciate del Palazzo e delle prigioni.

"Ci dovremo arrampicare", disse il commissario.

"Ci?" chiese Lombardo con un certo timore.

"Diciamo che ...", lo tranquillizzò Rosa, "... io penso di essere più in forma di Lei. Dopotutto mi alleno regolarmente con la polizia."

"Ma come pensa di farcela?" chiese Lombardo.

Rosa indicò la facciata della prigione. "Beh, la facciata è di mattoni. E ci sono abbastanza decorazioni che possono servirmi da appiglio. Almeno spero ..."

ÜBUNG 90 !

Übung 90: Welche Paare gehören zusammen?

1. muro	☐	a) tegole
2. monumento	☐	b) oro
3. collana	☐	c) ghiaia
4. tetto	☐	d) mattoni
5. cancello	☐	e) marmo
6. viale del giardino	☐	f) roccia
7. montagna	☐	g) ferro

“È una follia”, disse Lombardo. “Non ce la farà mai.”
“Non se non ci provo. Può avvicinarmi la gondola il più possibile alla facciata?” chiese al gondoliere.
“Certo. Ma rischio di graffiare la vernice della gondola. Che ne dice di un supplemento assicurativo? Diciamo ... altri 50 euro.”
Lombardo alzò gli occhi al cielo. “A questo punto, euro più euro meno ...”
Lombardo tirò fuori il portafoglio e mise in mano all’uomo un biglietto da 50 euro. Se continuava così, dell’acconto di 5000 euro presto non sarebbe rimasto più niente.
“Forza, presto”, disse Rosa.
Il gondoliere fece sparire la banconota nella tasca dei pantaloni. Poi avvicinò con attenzione la gondola alla facciata. Rosa si mise in piedi con cautela. La gondola ondeggiò.
Il commissario fece un profondo respiro. Poi si chinò in avanti e incominciò ad arrampicarsi.

Übung 91: Finden Sie das „schwarze Schaf“!

1. a) pazzia, b) follia, c) rischio
2. a) riuscire, b) provare, c) tentare
3. a) scomparire, b) sparire, c) chiarire
4. a) rompere, b) spalancare, c) danneggiare
5. a) restare, b) spostare, c) rimanere
6. b) supplemento, b) aggiunta, c) acconto
7. a) girarsi, b) ondeggiare, c) oscillare
8. a) sicurezza, b) cautela, c) prudenza

“Ce la fa?” chiese Lombardo preoccupato.
“Devo farcela!” rispose Rosa.

Respirava a fatica. Come un ragno umano si arrampicava centimetro per centimetro. Con attenzione cercava appigli per le mani e i piedi. Per fortuna le fessure tra i mattoni erano abbastanza ampie da poterci infilare le dita. Però la facciata era liscia e scivolosa. E poi continuava a fare freddo. Il commissario sentì che le sue dita, lentamente, si intorpidivano per il freddo.
Comunque era già arrivata a metà strada. Lo specchio d'acqua del canale era a circa quattro metri sotto di lei.
Con cautela guardò in alto. Era troppo scuro perché potesse distinguere già qualcosa sulla parte inferiore del ponte.
Improvvisamente la mano sinistra le scivolò. Rosa urlò.
Un tuffo in acqua non l'avrebbe certo uccisa. Ma, con quel freddo, non sarebbe stato divertente finire nel canale. Per non parlare poi delle condizioni dell'acqua.

"Commissario! Faccia attenzione!" gridò Lombardo spaventato. La sua voce tradiva una vera preoccupazione.
Disperata, Rosa cercò di tenersi. All'ultimo minuto riuscì ad aggrapparsi ad un'altra fessura.
Sotto di lei il gondoliere scosse la testa.

ÜBUNG 92 !

Übung 92: Unterstreichen Sie die richtige Alternative!

"Se ci vedono", si lamentò, "perdo la (1.) patente/licenza."
Rosa non lo ascoltava. Se non si fosse sbrigata, le sue dita sarebbero presto diventate troppo (2.) rigide/pesanti per poter continuare ad arrampicarsi.
Si fece forza ... centimetro per centimetro, mattone per mattone.
I minuti sembravano non (3.) correre/passare mai, ma alla fine ce la fece. Aveva raggiunto la parte inferiore del ponte.
"Grandioso!", esultò Lombardo (4.) sotto di lei/in basso a lei.

Rosa non osò guardare giù. Da sotto, il ponte non sembrava tanto alto. Si chiese se l'acqua del canale fosse veramente così (5.) profonda/alta da attutire una caduta. Meglio non pensarci, si disse.
Con attenzione, (6.) portò via/staccò una mano dalla parete e prese la sua piccola lampada tascabile che aveva infilato prima sotto il (7.) braccialetto/cinturino dell'orologio.
Lentamente sfilò la pila, l'accese e se la mise tra i denti. In questo modo poteva (8.) risplendere/illuminare il ponte senza usare le mani.

"Non è astuta?" commentò orgoglioso Lombardo da sotto. "Riesce già a vedere qualcosa?" chiese poi rivolto verso l'alto.
Rosa mosse la testa. Il raggio della lampada scivolò sulla superficie inferiore del ponte.

Übung 93: Welche Eigenschaft passt zu welchem Tier? Fügen Sie die Namen der Tiere in die Lücken ein!
(a) serpente, b) volpe, c) zanzara, d) elefante, e) leone, f) lumaca, g) aquila, h) leopardo)

1. Astuto come una __________.
2. Lento come una __________.
3. Dalla memoria lunga come un __________.
4. Forte come un __________.
5. Dalla vista acuta come un'__________.
6. Infido come un __________.
7. Veloce come un __________.
8. Fastidioso come una __________.

"Mm-mmh", rispose Rosa. Con la pila tra i denti non poteva parlare bene.

Poi si irrigidì. "C'è qualcosa appeso!" mugugnò.

Rosa poteva vederlo bene. Sotto il ponte c'era un piccolo gancio. E attaccato al gancio c'era ... un sacchettino di pelle marrone. Proprio come aveva detto il vecchio.

"Come? Che cosa c'è?" gridò Lombardo.

Rosa, con la lampada tascabile tra i denti, non poteva rispondergli. Inoltre aveva un problema: come fare a raggiungere il sacchetto? Il gancio era distante appena un braccio, ma Rosa doveva tenersi aggrappata al muro con tutte e due le mani.

Eppure doveva provarci. Facendo attenzione, spostò in avanti l'equilibrio del corpo e si schiacciò col busto contro la parete. Poi, con cautela, staccò la mano sinistra.

"Per l'amor del cielo, che cosa sta facendo?" gridò Lombardo sconvolto. "Finirà col cadere giù!"

Ma Rosa lo ignorò. A quel punto non poteva più arrendersi.

Girò la testa in modo da illuminare con la pila il sacchetto. Poi allungò con molta attenzione il braccio sinistro.

"Non ce la faccio a guardare", disse Lombardo a otto metri sotto di lei.

Rosa si allungò ancora. Le sue dita erano distanti solo dieci centimetri dal sacchetto. Solo qualche centimetro ... E poi ... con uno strappo tese al massimo la mano e afferrò il sacchettino.

Übung 94: Beantworten Sie folgende Fragen zum Text!

1. Perché Rosa non riesce a parlare bene?

2. Come fa il commissario a dirigere il raggio di luce sul sacchetto?

3. Con quale mano Rosa cerca di afferrare il sacchetto?

4. Riesce a prenderlo?

5. Di che colore è il sacchetto?

6. Lombardo è calmo?

La pelle del sacchetto era fredda e fragile.
Rosa stava già per esultare quando la mano destra le scivolò. Aveva perso la presa!
Per un secondo rimase sospesa tra il cielo e la terra. Poi gridò.
La pila le cadde dalla bocca e Rosa precipitò verso il basso. Il commissario cercò ancora di aggrapparsi alla facciata, ma era troppo tardi.
"Commissario!" urlò Lombardo dal basso.
Rosa sentiva il vento freddo sulle guance. L'acqua si faceva sempre più vicina. Presto avrebbe sentito ancora molto più freddo.

Almeno il sacchetto l'ho preso, pensò testarda. Poi piombò contro la superficie dell'acqua.
"Commissario!", urlò di nuovo Lombardo.
Ma il commissario non poteva più sentirlo. L'acqua si era richiusa sopra la sua testa.
Lombardo si sporse sconvolto oltre il bordo della gondola. Dal punto in cui Rosa era caduta saliva solo qualche bollicina d'aria.
Improvvisamente Lombardo udì uno strano rumore. Era il rumore di un motore.
Sulle prime il commissario Nicoletti non sentì niente.
Solo il rumore attutito dell'acqua che le si richiudeva sopra. Poi il freddo la colpì. Per un minuto temette che il suo cuore si fermasse. Per la paura, spalancò gli occhi sott'acqua.
Fu un errore, perché l'acqua dei canali di Venezia era tutt'altro che pulita. Il commissario sentì un bruciore agli occhi e li richiuse subito. Per fortuna, l'acqua era veramente tanto profonda da attutire la sua caduta. Nonostante ciò, non era un piacere fare il bagno in quella stagione. Doveva uscire di lì il prima possibile. Con un paio di rapide bracciate ritornò a galla.

ÜBUNG 95 !

Übung 95: Welches Verb passt zu folgenden Sätzen?
(a) nuotare, b) sentire, c) tremare, d) socchiudere, e) preoccuparsi, f) galleggiare, g) spalancare, h) sporgersi)

1. Eine Flasche schwimmt auf dem Wasser des Kanals. ☐
2. Die Frau lehnte die Tür an. ☐
3. Carlo machte sich Sorgen um seine Tochter. ☐
4. Der Mann riss das Fenster weit auf. ☐
5. Luigi schwimmt mit kräftigen Zügen. ☐
6. Marta spürte ein leichtes Kribbeln. ☐

7. Rosa bibberte vor Kälte. ☐
8. Das Kind lehnte sich gefährlich weit über das Balkongeländer. ☐

Continuava a tenere stretto in mano il sacchetto.
Il commissario ormai nuotava già in superficie. Cercò di riaprire gli occhi, ma bruciavano ancora.
"Commissario!" gridò una voce.
Era la voce di Lombardo.
"Tutto bene", rispose Rosa e sputò dell'acqua. "Non mi sono fatta niente. Aiutatemi a uscire!"
Un minuto dopo sentì una mano che le afferrava la sua. Ci fu uno strappo e Rosa fu tirata fuori dall'acqua.
Poi fu sollevata oltre il bordo della barca. Soltanto ora, al contatto con l'aria, sentì veramente freddo.
Il commissario cominciò subito a tremare. Ma non importava. L'essenziale era il sacchettino che aveva in mano.
L'agitò in aria trionfante. "Guardi che cosa ho!" gridò orgogliosa.
Rosa sentì che qualcuno le strappava di mano il sacchetto. "Ehi! In modo meno rozzo!" protestò.

Übung 96: Manche Aussagen stimmen nicht. Kreuzen Sie sie an!

1. Un'impresa grandiosa è un'impresa fuori del comune. ☐
2. Un uomo con la testa fra le nuvole è un uomo al settimo cielo. ☐
3. Un gesto rozzo è un gesto poco gentile. ☐
4. Una persona coi piedi per terra è una persona pratica. ☐
5. Un tecnico competente è un tecnico con un campo di lavoro ben preciso. ☐
6. Una donna comprensiva è una donna che ha letto molti libri. ☐

Cercò di nuovo di aprire gli occhi. L'acqua sporca le bruciava ancora, ma questa volta ci riuscì.
Aveva ancora lo sguardo un po'opaco. Strizzò gli occhi e si trovò davanti ... una maschera rossa!

! ÜBUNG 97

Übung 97: Unterstreichen Sie die Synonyme für die Wörter in Klammern!
(1. certamente, 2. sfacciato, 3. meravigliata, 4. tirata fuori dall'acqua, 5. arrabbiatissima, 6. criminale, 7. ridacchiò, 8. i suoi sforzi, 9. barca)

"La ringrazio molto, cara signora", disse la maschera. "È stato molto gentile da parte Sua tirare giù da là sopra la mia proprietà. Non ha sicuramente niente in contrario se me la riprendo?" chiese poi impertinente.
Rosa la fissò stupita. Un paio di metri più in là, a bordo della gondola, c'era il dottor Lombardo.
Lombardo guardò Rosa con aria colpevole.
"Mi dispiace", le gridò, "ma non abbiamo potuto farci niente. È venuto all'improvviso col motoscafo. L'ha ripescata prima che arrivassimo noi!"
Rosa fissò furente il delinquente mascherato. "Non sa che è vietato usare il motoscafo a Venezia?" gli chiese.
"Ma non in casi eccezionali e di emergenza", sogghignò l'uomo dietro la maschera. "E questo era un caso di emergenza, direi. Ancora grazie per la sua premura. Ora però devo pregarLa di lasciare la mia imbarcazione. Quindi, permette?"
L'uomo con la maschera rossa fece scomparire il sacchettino sotto il mantello. Poi, senza esitare, diede a Rosa uno spintone.
Prima che il commissario potesse reagire, perse l'equilibrio. Un attimo dopo era finito in acqua.

Fece ancora in tempo a sentire le risate dell'uomo mascherato. Poi l'acqua si richiuse sopra la sua testa.
Per la seconda volta in quel giorno. Stava diventando un'abitudine.
Sott'acqua sentì il motoscafo che si allontanava. Poi riemerse.
Con un paio di rapide bracciate raggiunse la gondola, dove l'aspettavano Lombardo e il gondoliere.
I due uomini aiutarono il commissario a salire a bordo.
Lombardo si tolse il cappotto e glielo mise sulle spalle.
Il dottor Lombardo la strinse con un braccio. Il commissario tremava di freddo, ma non lo diede a vedere. "Che cosa facciamo ora?" chiese Lombardo. Poi si rispose da solo. "Intanto La riportiamo a casa. Prima che si ammali sul serio."
Rosa scosse energicamente la testa.
L'uomo mascherato non solo le aveva rubato il sacchetto, ma l'aveva anche spinta in acqua. Il commissario era davvero furente. Pur tremando di freddo, nel suo intimo ribolliva dalla rabbia. Quel tipo non le sarebbe sfuggito così.

Übung 98: Welche Wörter stehen in Zusammenhang miteinander?

ÜBUNG 98 !

1. spintone	☐	a) allegria
2. risate	☐	b) paura
3. firma	☐	c) cadere
4. tremare	☐	d) moto
5. bollire	☐	e) tristezza
6. delinquente	☐	f) contratto
7. casco	☐	g) minestra
8. sospiro	☐	h) prigione

"Non se ne parla nemmeno!", gridò. "Inseguiamo quel delinquente. Perlomeno fino a scoprire dove si nasconde."
Lombardo fissò incredulo il commissario. "Ma come vuol fare?" domandò. "Col suo motoscafo chissà dove sarà ora."

ÜBUNG 99 !

Übung 99: Fügen Sie das passende Wort ein!
(a) fortuna, b) l'acqua, c) rinunciare, d) sospirò, e) nascondiglio, f) fango, g) gas, h) almeno, i) scia, l) mormorò)

"Non è detto", (1.) ____________ Rosa.

Indicò l'acqua. L'elica del motore aveva rimosso (2.) ____________ lasciando una scia di fango.

"Se ci sbrighiamo, possiamo seguire questa traccia prima che il (3.) ____________ si depositi di nuovo sul fondo. Con un po' di (4.) ____________ la (5.) ____________ ci porterà direttamente al (6.) ____________ dell'uomo mascherato. Quanto sa remare veloce, vecchio mio?" chiese al gondoliere.

Quello sorrise. "Dipende. Una piccola mancia aggiuntiva potrebbe motivarmi. Diciamo …"

"50 euro?" (7.) ____________ il dottor Lombardo.

"Diciamo piuttosto 100", ribatté l'uomo.

Il dottore alzò gli occhi al cielo. Poi tirò fuori un biglietto da 100 euro e porse la banconota al gondoliere. Quello la prese con un sorriso e la fece sparire in tasca.

"Adesso, però, vada a tutto (8.) ____________!" esclamò Lombardo.

Se il commissario non si convinceva a (9.) __________ all'insegui-mento, (10.) __________ questo doveva essere veloce. Lombardo era in pensiero per il commissario, le cui labbra erano già tutte blu.

Il commissario Nicoletti però non diede a vedere nulla quando la gondola si mosse.
Ansimante per la fatica, il gondoliere immergeva il remo nell'acqua. Rosa stava a prua e osservava concentrata l'acqua davanti a lei. Per fortuna c'era la luna piena e la scia di fango si distingueva abbastanza facilmente.
Era bene che i motoscafi fossero vietati nei canali, pensò Rosa. Così non c'era pericolo di confondere la scia dell'uomo mascherato con un'altra. Inoltre a quell'ora i canali erano quasi deserti. Seguire la traccia del delinquente era in fondo un gioco da ragazzi. E del resto l'uomo non poteva lasciare il canale tanto facilmente. Bastava solo che Rosa facesse un po' d'attenzione, nel caso il motoscafo imboccasse un braccio laterale.
Dopo qualche centinaio di metri il gondoliere esclamò ansimante: "Non ce la faccio più!"
"Non provi nemmeno a pretendere un altro euro", brontolò Lombardo. Rosa stava ancora a prua e fissava l'acqua. Il suo istinto di caccia era stato risvegliato e non sentiva quasi più freddo.

Übung 100: Enträtseln Sie folgende Definitionen und finden Sie das Lösungswort!

1. Il contrario di falso. ☐ _ _ O
2. Lo usa il gondoliere per mandare avanti la gondola. _ ☐ _ O
3. Il tassista è contento quando la riceve. _ _ ☐ _ _ A

4. Lo usa il cacciatore per sparare. F _ _ _ _ □
5. Una casa di lusso. P _ _ _ □ _ _
6. Gira quando l'elicottero è in volo. E _ □ _ _
7. Le hanno sia gli uccelli che gli aerei. □ _ I

Lösungswort: _ _ _ _ _ _ _

Improvvisamente la scia di fango davanti a loro fece una curva. Il delinquente aveva imboccato un canale laterale.
"Stop!" gridò Rosa. "Da quella parte!"
Indicò un piccolo canale che si ramificava sulla destra. "Il tipo è entrato in quel canale."
Il gondoliere fece appena in tempo a girare la gondola.
Il piccolo canale laterale si snodava silenzioso alla luce della luna.
"Strano", disse Lombardo. "Questo canale non lo conosco per niente."
"Non mi meraviglia. Qui non c'è altro che qualche edificio cadente", ribatté il gondoliere. "Non ci abita nessuno. Tutt'al più si sono rifugiati qui un paio di ratti."
Rosa annuì. "E un ratto molto particolare. Che palazzo è quello piccolo, davanti a noi?" Il gondoliere si strinse nelle spalle.

! ÜBUNG 101

Übung 101: Bringen Sie die Wörter in die richtige Reihenfolge!

"Non ne ho la minima idea. (1. quando lo da È conosco vuoto)

____."

"Ci vada, per favore. Ho un certo sospetto."

"Che cosa intende dire?" chiese Lombardo. "Pensa che l'uomo mascherato si sia nascosto proprio lì?"

"Potrei ben immaginarlo", assentì Rosa. "(2. Quel passato sembra nel pazzo vivere) ____

______________________."

È cosa da lui nascondersi in un vecchio palazzo."

La gondola aveva raggiunto il muro esterno del palazzo. Era proprio così: (3. un piccolo ad motoscafo legato c'era il molo del delinquente) ____

______________________________.

"Abbiamo fatto centro", disse Rosa a bassa voce.

"E ora?" chiese Lombardo. "(4. non Spero abbia entrare di intenzione) ____."

"No, certo", lo tranquillizzò Rosa.

"Grazie al cielo", sospirò Lombardo. Aveva già temuto il peggio.

"Prima di entrare ad acchiappare quel tipo, devo logicamente tornare a casa a cambiarmi. (5. Ora ci sfuggirà l'uomo mascherato che è nascosto non sappiamo dove.) ______________________________

____."

Lombardo scosse la testa. Non ci mancava che quello.

Mezz'ora più tardi il dottor Lombardo sedeva nel soggiorno del commissario. Sebbene abitasse al piano di sopra, Lombardo non era mai stato a casa di Rosa Nicoletti. I due si erano tutt'al più incontrati per caso per le scale e salutati di sfuggita.

Übung 102: Streichen Sie die nicht dazugehörigen sieben Adjektive durch!

Rosa era in bagno e faceva una simpatica doccia calda. Lombardo aveva un po' di tempo per guardarsi intorno. L'appartamento di Rosa era semplice, ma arredato con gusto. Lombardo si alzò e si diresse verso lo scaffale dei libri.
Rosa Nicoletti cominciava ad interessarlo e, per saper qualcosa di più su una certa persona, era sempre informativo vedere che libri noiosi leggesse.
Lombardo si era appena avvicinato allo scaffale cadente, quando si spaventò. Qualcosa di scuro era corso via sfiorandogli le magre gambe. Impaurito, Lombardo fece un passo indietro.
Un gatto nero lo fissava interrogativo con gli occhi verdi. Il dottore si chinò e gli accarezzò la testa interessante.
"Mi hai spaventato, piccolino", disse.
A Lombardo i gatti piacevano e quel gatto, in qualche modo, sembrava sentirlo. Cominciò a fare le fusa.
"Oh, come vedo ha già fatto conoscenza con Giuseppe. Ho l'impressione che Lei gli piaccia."
Lombardo alzò gli occhi arrossati. Il commissario Nicoletti stava sulla porta del bagno. Indossava un antichissimo accappatoio bianco. Con un asciugamano si stava asciugando i capelli.
Era incantevole, pensò Lombardo.

"Giuseppe è il gatto di casa", sorrise Rosa. "Non solo mi fa compagnia, ma mi tiene anche lontani i topi, sa? Io non sopporto i ratti."
"Nessuno li sopporta", ribatté Lombardo. "Ma in casa non ne ho mai visti."
"Certo, ci ha pensato Giuseppe a farli scappare."

Lombardo rise. “Mi sono permesso di fare un tè caldo, mentre Lei era in bagno. Ne vuole una tazza?”

Übung 103: Welche Gegenstände befinden sich in einer Küche?

☐ 1. tostapane	☐ 5. gabbia	☐ 9. ago
☐ 2. saliera	☐ 6. cavatappi	☐ 10. cassetto
☐ 3. strofinaccio	☐ 7. poltrona	☐ 11. pentole
☐ 4. fornello	☐ 8. bottone	☐ 12. padella

“Oddio, spero che il disordine in cucina non L’abbia spaventata troppo”, disse Rosa. “Ma una tazza di tè la bevo volentieri. Molto gentile da parte Sua … Mi ci vogliono ancora un paio di minuti perché i capelli siano asciutti.”
Si sedettero al tavolo del soggiorno. Lombardo versò al commissario una tazza di tè. Rosa lo ringraziò.
“Fa proprio bene”, disse dopo che ne ebbe bevuto un lungo sorso. “È veramente un tesoro, dottore. Strano che non me ne sia accorta prima. E dire che siamo vicini da anni.”
Lombardo arrossì un poco. Sperò che non si notasse.
“Vuole veramente tornare in quel palazzo?” chiese dopo un po’. “Non sarebbe più sensato chiamare i Suoi colleghi?”
“No, non credo. Li conosco i miei ragazzi. Prenderebbero d’assalto il palazzo comportandosi come un elefante in un negozio di porcellane. E prima che ce ne accorgiamo l’uomo mascherato sarà già fuggito dall’uscita posteriore. No, preferisco fare a modo mio. Ma non c’è bisogno che Lei venga, se non vuole, dottore. ”

Übung 104: Entscheiden Sie, welche Übersetzung stimmt!

1. Mio figlio ha fatto di testa sua. ☐
   a) Mein Sohn hat seinen eigenen Kopf durchgesetzt.
   b) Mein Sohn hat seinen Kopf riskiert.
2. Matteo ha fatto carte false per ottenere la promozione. ☐
   a) Matteo hat wichtige Papiere gefälscht, damit er versetzt wird.
   b) Matteo hat alles Mögliche gemacht, damit er versetzt wird.
3. All'esame ho fatto fiasco. ☐
   a) Ich bin bei der Prüfung durchgefallen.
   b) Ich habe auf das gute Ergebnis meiner Prüfung getrunken.

"Non ci penso nemmeno a lasciarLa andare da sola, commissario! Non voglio che Le succeda qualcosa. E poi il vecchio ha dato a me l'incarico di trovare gli ingredienti di Cagliostro."
"Oh, è carino da parte Sua. E mi ha già aiutato molto." Rosa sorrise al dottore. Poi si alzò. "Mi vesto in fretta, poi possiamo uscire."
Con queste parole scomparve di nuovo nel bagno. Nemmeno dieci minuti dopo era di nuovo nel soggiorno. Ora indossava un paio di jeans e una semplice felpa grigia.
Ciò nonostante Lombardo la trovò incantevole. Purtroppo non aveva il coraggio di dirglielo.
Rosa si mise una giacca di pelle. Sulla porta si fermò ancora. "Trova che odori di acqua di canale?" chiese insicura.
"Niente affatto", rispose Lombardo rapidamente. "Ha un odore stupendo."

Übung 105: Welche Gegenteile gehören zusammen?

1. profumare	☐ a) elaborato	5. confortevole	☐ e) curare
2. orribile	☐ b) scomodo	6. vivace	☐ f) stupendo
3. semplice	☐ c) smorto	7. ferire	☐ g) decollare
4. sensato	☐ d) puzzare	8. atterrare	☐ h) insensato

Nel frattempo si erano fatte le undici di sera.
Le strade di Venezia erano piene di gente mascherata con costumi a colori vivaci, che passava da un ballo all'altro.
Il commissario guardava la pianta della città che teneva in mano. Con un po' di abilità si poteva arrivare al vecchio palazzo senza usare la gondola. Ma le strade di Venezia erano un vero labirinto. Persino gli abitanti della città rischiavano di perdersi senza una piantina.

Übung 106: Finden Sie das „schwarze Schaf"!

1. a) profumo, b) odore, c) doccia
2. a) minigonna, b) ombrello, c) felpa
3. a) foglietto, b) pianta, c) carta stradale
4. a) costume da bagno, b) crema da sole, c) panchina
5. a) folla, b) gente, c) spettatori
6. a) pesca, b) assicurazione, c) caccia

"Credo che dobbiamo andare in quella direzione", disse il commissario.
Lombardo si massaggiò la costola che gli faceva male.
"Vada pure avanti, io La seguo", disse.

Übung 107: Unterstreichen Sie die Synonyme für die Wörter in Klammern!
(1. certa, 2. matto, 3. crimini, 4. progettati, 5. un colpetto, 6. allarmarLa, 7. una stradina, 8. più importanti)

"Non sono poi tanto sicura che quell'individuo sia veramente pazzo", disse Rosa. Stavano attraversando un vecchio ponte di pietra sopra un piccolo canale. "Mi pare che i suoi delitti, finora, siano stati pianificati abbastanza bene. E realizzati in modo molto razionale."
Lombardo corrugò la fronte. "E allora perché dice di riprendersi solo ciò che gli appartiene? Non crederà sul serio che sia l'immortale Cagliostro, no?"
Il commissario scosse la testa con decisione. "No, certo che no. Perché lo dice, non l'ho ancora scoperto. Però credo ugualmente che abbiamo a che fare con un delinquente pericoloso, che non si ferma davanti a niente."
Lombardo fece una risata secca. "Molto incoraggiante", disse.
Il commissario Nicoletti gli diede una pacca sulla spalla per fargli coraggio. "Mi dispiace, non volevo metterLa in ansia. Quell'individuo se la vedrà con noi."
Il dottor Lombardo inghiottì e continuò a seguire il commissario nel buio. Dopo qualche minuto erano giunti in un vicoletto solitario. Il rumore della gente che festeggiava sulle piazze principali arrivava fin lì solo attutito.
"È sicura che sia la strada giusta?" chiese Lombardo. Sebbene conoscesse Venezia come le sue tasche, aveva perso anche lui l'orientamento.

"Penso di sì", rispose Rosa. Ma la sua voce non suonava più così sicura. Poi però, alla luce della luna, vide balenare la facciata grigia del vecchio palazzo. Si erigeva sul canale quasi come una vecchia

casa di fantasmi. Le finestre vuote fissavano la notte come gli occhi di un morto.
"È lì davanti!" disse Rosa.
Senza che lo volesse, la sua voce era diventata un sussurro.
"Proprio grandioso", commentò Lombardo. In effetti, non avrebbe avuto niente in contrario se non fossero riusciti a ritrovare il vecchio palazzo. Il dottore non presagiva niente di buono. E poi avrebbe preferito trascorrere la serata con il commissario. Davanti a un buon bicchiere di vino e a un bel piatto di spaghetti.
"Allora andiamo", disse Rosa distogliendo Lombardo dai suoi sogni.
I due si avvicinarono al palazzo. Visto da fuori, sembrava deserto e abbandonato. Alcune finestre avevano i vetri in frantumi, altre erano sbarrate da assi di legno.
"Sembra che non ci sia stato più nessuno da anni", disse Lombardo.
"Macché, da secoli."
"È proprio questa l'impressione che deve dare", mormorò Rosa. "Ma io non ci casco."

Übung 108: Sind folgende Aussagen zum Text richtig ✓ falsch –?

1. Rosa dà un calcetto a Lombardo per fargli coraggio. ☐
2. Il dottor Lombardo conosce benissimo Venezia e non ha mai bisogno di una pianta della città. ☐
3. Lombardo avrebbe passato più volentieri la serata a casa, davanti alla televisione. ☐
4. Il palazzo sembra abbandonato da secoli. ☐
5. Per la paura, il commissario grida. ☐
6. Rosa ha dimenticato a casa il casco. ☐
7. Le finestre del palazzo hanno le persiane grigie. ☐

Con rabbia decisa, Rosa aprì la pesante borsa che aveva portato a tracolla tutto il tempo.
"Ma che diavolo ha là dentro?" chiese Lombardo curioso.
"Oh, solo qualche attrezzo", rispose il commissario. "Cose che possono servire."
Con queste parole tirò fuori una sbarra di ferro, un cacciavite, un martello ed altri attrezzi.
"Dio mio", disse Lombardo. "Che intenzioni ha?"
"Lei che ne dice?" domandò Rosa sorridendo. "Scassiniamo il palazzo!"
Non durò molto e la vecchia serratura cedette. Con uno scricchiolio l'antico portone di legno si mosse.
Lombardo aveva i brividi. "Rapina nel palazzo di un principe", mormorò. "Prima, per una cosa del genere si rischiava la testa."

"Per fortuna non ci abita più nessun principe", disse Rosa. "Da circa 300 anni."
Cautamente il commissario aprì il portone. Nell'ingresso del palazzo faceva buio. La luce della luna non passava attraverso le finestre sbarrate.

ÜBUNG 109 !

Übung 109: Unterstreichen Sie die richtige Alternative!

Rosa portò la mano alla cinta e tirò fuori una lampada tascabile. L'altra era finita nel frattempo sul (1.) fondo/pavimento del canale, ma, per fortuna, il commissario ne aveva parecchie a casa.
Il raggio di luce (2.) chiarì/esplorò l'ingresso buio. Il pavimento era ricoperto (3.) da/di polvere.
Poi la luce illuminò una (4.) figura/persona bianca.
Il dottore e il commissario trasalirono. Per un secondo ebbero

(5.) l'impressione/la vista che un bianco fantasma si precipitasse verso di (6.) essi/loro.
Poi i due respirarono di (7.) sollievo/speranza. Ciò che li aveva tanto spaventati era solo un vecchio (8.) tappeto/armadio sul quale era stata buttata (9.) una coperta bianca/un accappatoio bianco.
Solo alla luce della lampada era sembrato per un attimo uno spirito del passato.

"Dio mio", ansimò Lombardo. "Penso di essere troppo vecchio per tali avventure."
Rosa scosse il capo. "Sciocchezze", disse.
Il commissario continuò a far girare il raggio di luce.
Nell'ingresso c'erano dappertutto mobili ricoperti da teli bianchi.

Übung 110: Übersetzen Sie die Wörter in Klammern!

Lombardo aveva la tremarella. „Brrr, sembra di stare in un (1. Friedhof) ____________ per mobili. E fa pure freddo qua dentro."
Lombardo aveva (2. Recht) ____________. "Freddo come in una (3. Grab) ____________", annuì Rosa. Girò ancora intorno il fascio di luce. Il palazzo era veramente (4. verlassen) ____________.
"Non sono sicuro che siamo sulla buona (5. Spur) ____________", (6. murmelte) ____________ Lombardo. "Sembra che qui non sia venuto più nessuno da anni."
"Io la vedo (7. anders) ____________", ribatté Rosa. Illuminò con la pila il (8. Boden) ____________. "Guardi là!"

Lombardo seguì il suo (9. Blick) __________. Il pavimento era di lastre di (10. Marmor) __________ nero. (11. Der Staub) __________ che ricopriva tutto lo faceva apparire opaco.

Il dottore scoprì allora le impronte di piedi! Qualcuno era passato da poco sulla polvere e aveva lasciato delle impronte.
"Abbiamo fatto centro!" esultò Rosa. "Deve essere stato qui poco fa."
"E adesso?" chiese Lombardo.
"Adesso seguiamo le impronte. Faccia piano, dottore."
"Non me lo deve ripetere due volte, commissario", ribatté Lombardo. Cautamente, senza fare rumore i due attraversarono l'ampio ingresso. Le tracce erano recenti e ben chiare.
E finivano all'improvviso. Esattamente davanti ad una lastra di pietra incastonata sulla parete dell'ingresso.
"Non è possibile", esclamò Rosa. "Sembra che sia passato attraverso il muro!"
"Vuol dire ... come un fantasma?"
"Sciocchezze", disse Rosa. "Anche se devo ammettere che quel tipo comincia a mettermi a disagio. Ma deve esserci un trucco."

ÜBUNG 111 !

Übung 111: Ordnen Sie die Buchstaben zu sinnvollen Wörtern!

Rosa fece (1. scavilero) __________ il raggio di luce della lampada sulla lastra di pietra massiccia.
Poi tastò la lastra con le (2. dati) __________.
"Forse è una specie di porta (3. gastere) __________.
Ma come si apre?"
"Non ne ho la minima idea", rispose Lombardo. "Che cosa c'è scritto

lì?" Il dottore indicò alcune (4. rapleo) __________ incise nella pietra.

Non era facile (5. lefridecar) __________ al buio. Finalmente il dottore ci riuscì.

"È (6. tolain) __________. La (7. dirauzotne) __________ più o meno dice: l'ingresso è riservato ai giusti."

Perplessi la Nicoletti e Lombardo (8. sarovoserno) __________ la (9. tarlas) __________ di pietra.

"Ingresso riservato ai giusti? Che cosa vuol dire?"

Lombardo si guardò intorno. Poi, vicino a lui, scoprì qualcosa.

"Mandi la luce in questa direzione, per favore", disse.

Il commissario diresse il raggio di luce su un piccolo comò che si trovava alla sinistra del dottore.

Era l'unico mobile dell'ingresso non ricoperto da un telo. Sul comò c'era una statuetta di bronzo che risplendeva alla luce della pila.

La statua rappresentava una donna che teneva in una mano una spada e nell'altra una bilancia. La donna aveva gli occhi bendati.

"Ehi, questa signorina la conosco", disse il dottor Lombardo.

"È la dea della giustizia, non è vero?"

"Proprio così", annuì Lombardo. "Penso che non sia un caso, se la statuetta si trova direttamente vicino alla lastra di pietra. Guardi qui, commissario".

Il dottore indicò la statua. "Il metallo è lucido. Non c'è un granello di polvere."

"Strano", mormorò Rosa. "Che cosa significa?"

Übung 112: Welche Wörter gehören inhaltlich zusammen?

ÜBUNG 112

1. bilancia	☐ a) arredamento
2. statua	☐ b) mano
3. comò	☐ c) peso
4. aspirapolvere	☐ d) museo
5. pollice	☐ e) elettrodomestici

Il dottore osservò più esattamente la statua della giustizia. I piatti della bilancia non erano in equilibrio. Come su un'altalena.
"Un momento", sussurrò Lombardo. "Forse ci siamo."
Cautamente spinse verso il basso con il dito indice il piatto che si trovava più in alto.
"Che cosa fa?" chiese il commissario corrugando la fronte.
"Faccio in modo che regni la giustizia, mettendo in equilibrio i piatti della bilancia. Vediamo che cosa succede."
Il dottore ritrasse la mano. I piatti si trovavano ora alla stessa altezza. Sulle prime non successe niente. Poi si sentì uno scatto. Nello stesso momento la lastra di pietra si spostò di lato.

Übung 113: Fügen Sie die Wörter in Klammern in die passenden Lücken ein!

ÜBUNG 113

(a) funzionato, b) sottoterra, c) tunnel, d) scala, e) nuvolette, f) mascalzone, g) cosa rara, h) via)

Dietro apparve una specie di (1.) __________. La (2.) __________ __________ era libera.

"Grandioso, dottore", esultò Rosa. "Sono proprio contenta che sia qui con me."

"Oh, era solo un'idea."

"Ma ha (3.) ____________. E ora andiamo ad acciuffare quel (4.) ____________!

Rosa illuminò il passaggio. Una stretta (5.) ____________ di pietra conduceva in basso.

"Brrr, fa sempre più freddo", sussurrò Lombardo.

"Silenzio!" sibilò Rosa. Il pazzo con la maschera poteva essere già molto vicino.

Lombardo però aveva ragione. Ad ogni passo, sembrava che facesse più freddo. Ormai dovevano essere (6.) ____________. Evidentemente il passaggio portava nei sotterranei – una (7.) ____________ nella città lagunare.

Era così freddo che Rosa poteva vedere le (8.) ____________ del respiro davanti ai suoi occhi.

I gradini sembravano non finire mai. Finalmente il commissario scoprì davanti a se un rettangolo più chiaro. Doveva essere la fine del tunnel.

Spense la lampada portatile.

"Che cosa fa?", sussurrò Lombardo.

"Da qui in poi dovrà fare a meno della luce", rispose Rosa a bassa voce. "Siamo quasi arrivati, credo."

In punta di piedi, il commissario e il dottore scesero gli ultimi gradini. In effetti, la scala portava ad un sotterraneo dal soffitto a volta.

I muri trasudavano gocce d'umidità. C'era odore di marcio e di muffa. Ma anche uno sconosciuto profumo esotico. Sulle pareti tremolava la fiamma di alcune fiaccole.

ÜBUNG 114

Übung 114: Ergänzen Sie folgende Sätze!

1. Dal s _ _ _ _ _ _ _ o della stanza pendeva un lampadario di vetro di Murano.
2. Il gorgonzola è un formaggio con una m _ _ _ a verdastra.
3. La scala di casa mia ha i g _ _ _ _ _ _ i ricoperti di marmo.
4. Ho comprato delle f _ _ _ _ _ _ _ _ e per illuminare il giardino durante la festa.

A Rosa sembrava di ritrovarsi nel medioevo.
I suoi occhi ebbero bisogno di qualche secondo per abituarsi alla luce tremolante. Poi il commissario si accorse che il sotterraneo non era abbandonato.
Al centro dell'enorme stanza c'era una figura avvolta in un mantello rosso. Portava una maschera rossa.
L'uomo mascherato stava in piedi davanti ad un grande tavolo. Sul ripiano c'erano diversi strumenti chimici. Era tutto un ribollire e un sibilare.

ÜBUNG 115

Übung 115: Welche Person benutzt welches Objekt?

1. sarto	☐ a) rete
2. chimico	☐ b) stetoscopio
3. cuoco	☐ c) obiettivo
4. insegnante	☐ d) forbici
5. fotografo	☐ e) trattore
6. medico	☐ f) provetta
7. pescatore	☐ g) coltello
8. contadino	☐ h) lavagna

"Dio mio", sussurrò Rosa. "Sembra di essere nella grotta di una strega!"
"O meglio nel laboratorio di un alchimista", disse Lombardo.
I due erano rimasti nell'ombra del tunnel. L'uomo con la maschera non li aveva ancora notati. Era occupato a rovesciare in una provetta una polverina dal sacchetto di pelle.
Poi ci versò sopra un liquido verdastro. Si levò del fumo.
Il liquido diventò blu.
L'uomo con la maschera esultò. "Ci sono! Il siero dell'immortalità", gridò. "L'opera è compiuta." Trionfante, sollevò in aria la provetta.

Übung 116: Welches Synonym ist das „schwarze Schaf"?

1. a) maga b) alchimista, c) strega
2. a) pelle, b) cotone, c) cuoio
3. a) scala, b) cantina, c) sotterraneo
4. a) gradino, b) scalino, c) pianerottolo
5. a) pazzia, b) influenza, c) follia

"È completamente pazzo", sibilò Rosa. "È ora di porre fine a questa follia."
Con queste parole estrasse una pistola dalla cinta.
"Non mi piacciono le armi da fuoco", disse con tono quasi di scusa, "ma quel tipo è terribilmente pericoloso."
"Che intenzioni ha?" sussurrò Lombardo spaventato.
"Lo vedrà", rispose Rosa con un ghigno deciso.
Poi uscì dall'ombra. "La dichiaro in arresto!" disse.
L'uomo con la maschera si girò di scatto. Poi cominciò a ridere.

Übung 117: Unterstreichen Sie im Text das Gegenteil der Wörter in Klammern!
(1. piangere, 2. per finta, 3. abbassi, 4. facilmente, 5. male, 6. diurno, 7. lentamente, 8. intelligente, 9. rado)

"Non vedo che cosa ci sia da ridere!" esclamò Rosa. "Faccio sul serio! Alzi le mani e si diriga verso il muro."
L'uomo con la maschera fissò Rosa. A fatica trattenne un'altra risata.
"Commissario!" disse, "Che piacere incontrarLa. Vedo che ha superato bene il suo bagnetto notturno. E c'è anche il dottor Lombardo. Benvenuti nella mia modesta casetta. Devo ringraziarvi entrambi. Senza di voi non avrei ottenuto tanto rapidamente gli ingredienti per il mio siero dell'immortalità."
"Ma che sciocchezze sta dicendo?", domandò Rosa. "E chi è Lei? Si tolga dal viso questa stupida maschera!"
"Ora mi delude", la derise l'uomo mascherato. "Dovrebbe sapere chi sono ... il conte Cagliostro, naturalmente! E per ciò che riguarda la maschera ... purtroppo devo deluderLa!"
Con queste parole l'uomo mascherato infilò la mano sotto il mantello. Prima che Rosa potesse reagire, tirò fuori una bottiglietta. Senza esitare la lanciò ai piedi del commissario.
"Ehi, che cosa sta facendo?" fece ancora in tempo a gridare Rosa. Nello stesso momento la bottiglietta si ruppe sul pavimento di pietra. Nel giro di pochi secondi si alzò un fumo denso.

Rosa tossì. Anche Lombardo aveva la vista annebbiata.
"Farabutto!" urlò il commissario attraverso il fumo. Ma non poteva fare niente. Il fumo sembrava aver invaso la stanza.
Ancora una volta la risata dell'uomo mascherato risuonò nel sotter-

raneo. “E ora, se vogliono scusarmi ... Ho ancora un appuntamento ... con l’eternità!”
Cagliostro corse verso l’altro capo della stanza. Un ampio passaggio portava di sopra. Prima di lasciare la stanza però l’uomo mascherato si fermò.

Übung 118: Übersetzen Sie die angegebenen Wörter!

Il fumo si era già un poco diradato. A Rosa (1. tränten) __________ ancora gli occhi, ma riusciva a vedere.
Il commissario si precipitò in avanti. Non avrebbe lasciato fuggire quel criminale tanto facilmente.
Vide Cagliostro tirare una grande leva di legno sul muro. Si udì un (2. furchtbar) __________ cigolio. Cagliostro rise ancora una volta e poi (3. verschwand) __________ nel passaggio.
Lombardo (4. hustete) __________. Anche lui aveva visto quello che l’uomo aveva fatto.
“Che diavolo avrà combinato?” chiese il dottore. Non presagiva niente di buono. E aveva ragione. Con un forte schianto, una parete di pietra del sotterraneo cedette.
“Oh no!” gridò Rosa. “Un altro di quei (5. Mechanismen) __________ nascosti!”
(6. Steinbrocken) __________ caddero rumorosamente sul pavimento. E una massa d’acqua sporca invase il sotterraneo.
“Non è possibile!” esclamò Lombardo.

"Ancora!" disse Rosa. "Dobbiamo fuggire! L'acqua inonderà tutto il sotterraneo!"

L'acqua aveva già raggiunto il tavolo nel mezzo della stanza. Sotto la sua (7. Druck) __________ il tavolo cedette. Provette e alambicchi furono trascinati via dalla (8. Strömung) __________.

"Dobbiamo uscire di qui!" urlò Rosa. Indicò il secondo passaggio, quello per il quale era sparito Cagliostro. "È la nostra unica speranza!"
I due si misero a correre.

ÜBUNG 119 !

Übung 119: Welche Verben und Substantive gehören zusammen?

1. licenziare	☐ a) un esame
2. fare	☐ b) un impiegato
3. accendere	☐ c) una scuola
4. superare	☐ d) un boccone
5. inghiottire	☐ e) la spesa
6. frequentare	☐ f) una fiaccola

L'acqua inondava sempre più il sotterraneo. All'ultimo momento i due raggiunsero il passaggio. Si precipitarono verso la scala.
Lombardo gettò uno sguardo alle spalle. "Non voglio farLe fretta", disse spaventato, "ma dobbiamo sbrigarci!"
L'acqua aveva già inondato il sotterraneo e stava invadendo il passaggio. Sembrava salire più rapidamente di quanto il commissario e Lombardo riuscissero a salire le scale.
Sulle pareti del passaggio erano montate delle fiaccole che facevano

un po' di luce. Man mano che l'acqua le raggiungeva, si spegnevano una dopo l'altra con un sibilo. Era sempre più scuro.
"Ma non finisce mai questo passaggio?" chiese Lombardo.
Dietro di lui l'acqua saliva sempre più rapidamente.
Poi il dottor Lombardo sentì un altro rumore. Sembrava il calpestio di mille piccoli piedi.
"Dio mio!" gridò il dottore.

Übung 120: Übersetzen Sie folgende Sätze!

ÜBUNG 120 !

1. Es ist verboten, den Rasen zu betreten.

2. Das Wasser hat die Felder überflutet.

3. Wir müssen uns beeilen, wenn wir den Bus nicht verpassen wollen!

"Cos'è questo rumore?" chiese Rosa spaventata. Continuava a salire le scale insieme a Lombardo.
"Non ho il coraggio di dirglielo – ma sono topi!"
"Oh, no!" esclamò Rosa inorridita. "Io odio i topi!"
"L'acqua deve averli messi in allarme. Sono proprio dietro di noi!"
"Se acchiappo quel pazzo!" gridò il commissario e corse ancora più velocemente.

Übung 121: Fügen Sie die Wörter in Klammern in die passenden Lücken ein!

(a) pausa, b) all'improvviso, c) rami, d) frenare, e) parte, f) divertente, g) lamentarmi)

Poi si fermò (1.) ____________. Lombardo non riuscì a (2.) ____________ e le fu addosso.

"Non voglio (3.) ____________", disse, "ma non c'è tempo per una (4.) ____________."

"Molto (5.) ____________", ansimò Rosa. "Guardi lì davanti. E adesso che facciamo?"

Il dottor Lombardo seguì lo sguardo di Rosa. Davanti a loro il passaggio si biforcava. Una (6.) ____________ andava verso destra, l'altra verso sinistra.

"Da che parte andiamo ora?" chiese Rosa. "Se uno dei due (7.) ____________ del passaggio è senza uscita, la cosa diventa problematica."

Lombardo inghiottì e si guardò alle spalle. L'acqua era lontana solo qualche metro e saliva rapidamente.

E direttamente davanti all'acqua correvano centinaia di topi impauriti.

Forse però quei ratti significavano la salvezza.

Lombardo inghiottì e abbracciò Rosa. "Saranno i topi ad indicarci la strada", disse.

"Come? Che cosa vuol dire?" chiese Rosa inorridita.

"Beh, quando è in gioco la sopravvivenza, i ratti sono imbattibili. Dobbiamo solo lasciarli passare avanti."

Übung 122: Übersetzen Sie die Ausdrücke in Klammern!

1. Perché vuoi (aufs Spiel setzen) ________________ il futuro della ditta?

2. Ho deciso di (mit offenen Karten spielen) ________________.

3. A quasi tutti i ragazzi piace (Fußball spielen) ________________.

4. In questo paese (das Glücksspiel) ________________ è vietato.

5. I bambini (spielen Versteck) ________________ in giardino.

"Ci mancava anche questo", mormorò Rosa e chiuse gli occhi.
Un attimo dopo sentì centinaia di piccoli esseri correre avanti sfiorandole le gambe. Lo squittio dei topi eccitati riempiva lo stretto passaggio.
Anche il dottor Lombardo chiuse gli occhi. Poi però si costrinse a riaprirli. Dopotutto doveva guardare da quale parte fuggivano i topi.
I piccoli esseri pelosi presero senza esitare il corridoio di destra. Qualche secondo dopo erano scomparsi da quella parte.
Lombardo sentì che l'acqua fredda gli aveva raggiunto i piedi. Riscosse Rosa.
"Venga! Non c'è tempo da perdere! Da questa parte! Nel corridoio di destra!"
Rosa aprì cautamente un occhio per assicurarsi che i ratti fossero veramente scomparsi.
Poi seguì Lombardo verso destra sperando che i topi non si fossero sbagliati.

Übung 123: Unterstreichen Sie die richtige Alternative!

Il commissario Nicoletti e il dottor Lombardo continuavano a salire. Quel (1.) ramo/tronco del passaggio era ancora più buio e i gradini erano (2.) ruvidi/scivolosi.
Ma l'acqua era (3.) alla loro schiena/alle loro spalle. Scivolando avrebbero rischiato la (4.) testa/vita.
"Non ce la faccio più!" disse Lombardo. "Speriamo di arrivare presto (5.) sulla terra/al pianterreno!"
Rosa guardava avanti. Non si vedeva forse un rettangolo più chiaro nell'oscurità? "Credo che siamo quasi arrivati", disse. "Là davanti deve esserci una porta o qualcosa di (6.) simile/uguale."
In effetti il passaggio finiva davanti ad un vecchio portone. "Speriamo che non sia chiuso!" esclamò Rosa e ci si buttò contro.
Il portone cedette. Rosa, che aveva spinto il portone con forza, cadde a terra. L'aria fresca della notte le raggiunse (7.) il cuore/i polmoni. Subito arrivò il dottor Lombardo e la tirò (8.) in piedi/in alto. "Venga commissario!" disse. Il dottore spinse Rosa di lato.
Nello stesso momento (9.) una massa/un mucchio d'acqua uscì dal portone. L'acqua aveva inondato tutto il passaggio. Se i due fossero stati appena un poco più lenti, avrebbero rischiato di annegare.

Adesso invece l'acqua si riversava senza pericolo sulla piazzetta davanti all'antico palazzo.
Il commissario Nicoletti e il dottor Lombardo ansimavano. "Per un pelo!" commentò Rosa infine.

Übung 124: Nicht alle Ausdrücke sind Synonyme. Finden Sie das „schwarze Schaf"!

ÜBUNG 124 !

1. a) Per un pelo!, b) Per poco!, c) Per davvero!
2. a) ansimare, b) essere perplesso, c) respirare a fatica
3. a) fuggire, b) inseguire, c) correre dietro
4. a) avere l'acqua alla gola, b) essere in gravi difficoltà, c) non riuscire a parlare
5. a) notte in bianco, b) notte insonne, c) notte di luna
6. a) avere la puzza sotto il naso, b) sentirsi male, c) fare lo snob
7. a) farcela, b) acciuffare, c) prendere

"Davvero!" annuì Lombardo. "Sto cominciando anch'io ad odiare quel tipo – che sia sul serio Cagliostro o no."
Il commissario si guardò intorno. "Non può essere andato lontano", disse. "Noi siamo fuggiti subito dopo di lui. Deve essere ancora qui vicino."
Anche Lombardo si guardò intorno. La piazzetta era illuminata dalla luce della luna.
Un paio di metri più in là qualcosa attraversò velocemente il buio. Un'ombra rossa!
"È lui!" esclamò Lombardo indicando l'ombra. La figura sparì dietro l'angolo di una vecchia casa. "Inseguiamolo!" disse Rosa.

Übung 125: Ordnen Sie die Buchstaben zu sinnvollen Wörtern!

ÜBUNG 125 !

I due erano esausti, ma l'(1. tonisit) ____________ di caccia li spingeva ad andare avanti. Se non avessero acciuffato Cagliostro ora, non ci sarebbero (2. irusicit) ____________ mai più.
I passi del dottore e del commissario risuonavano nella notte.

Rosa fu la prima a svoltare l'(3. glaono) ____________. Il criminale mascherato era a pochi metri da loro. Il suo (4. tomalnel) ____________ svolazzava al (5. tevon) ____________ e l'uomo sembrava muoversi assolutamente senza (6. remuor) ____________. Il commissario stava accorciando la (7. tidanzas) ____________.

"Avanti così!" disse Lombardo ansimando dietro di lei. "L'ha quasi raggiunto!"

Poco prima che Rosa lo acciuffasse però, l'uomo voltò ancora l'angolo.

Il commissario lo seguiva a pochi passi di distanza. Non mi sfuggirà, fece ancora in tempo a pensare. Poi si trovò in mezzo ad un gruppo di gente che si era radunata in una piazza.

Dozzine di persone ballavano al suono di una musica medievale, ridevano, bevevano vino e si divertivano. Erano tutte in maschera.

ÜBUNG 126 !

Übung 126: Übersetzen Sie die angegebenen Wörter!

"Non è possibile!" sospirò il commissario. "Come facciamo a trovarlo in questa confusione?"

"A questo punto non dobbiamo darci per vinti", la incoraggiò Lombardo. "Probabilmente si nasconde tra la (1. Menschenmenge) ____________. Ma, se ci sbrighiamo, riusciremo a trovarlo. Prima che sfrutti (2. die Gelegenheit) ____________ e sparisca in un vicolo buio."

"Ha ragione" disse Rosa. "(3. Sich für geschlagen geben) ________________ ora sarebbe abbastanza stupido."

Con ritrovato (4. Mut) ______ i due si fecero strada tra la folla. C'erano (5. Dutzende) ______ di persone che festeggiavano e tutte indossavano maschere di colori vivaci. Alcune erano mascherate in modo moderno, ma la maggior parte indossava (6. mittelalterliche Gewänder) ______. Trovare il fuggitivo era perciò ancora più difficile.

Per fortuna, soltanto pochi avevano costumi di colore rosso. La Nicoletti e Lombardo videro più volte il mantello rosso del criminale balenare tra la folla.

"Eccolo!" esclamò il commissario quando si trovò a pochi metri (7. von dem Flüchtigen) ______.

Senza badare alle proteste di quelli che festeggiavano, spinse da parte un paio di persone in maschera.

Poi fece un balzo in avanti per acciuffare l'uomo mascherato.

Riuscì davvero ad afferrare un lembo del suo mantello rosso. Ma all'ultimo minuto la stoffa si strappò.

Übung 127: Welche Wörter gehören inhaltlich zusammen?

ÜBUNG 127 !

1. suora	☐	a) proteste
2. regista	☐	b) ferro da stiro
3. architetto	☐	c) orchestra
4. casalinga	☐	d) redazione
5. giornalista	☐	e) multa
6. direttore	☐	f) progetto
7. vigile	☐	g) convento
8. manifestanti	☐	h) film

"Accidenti!" imprecò Rosa fissando il pezzo di stoffa rossa che le era rimasto in mano.

Lombardo si era già messo all'inseguimento.

"Aspetti!" gridò il commisario. "Quel tipo è pericoloso!"

Lombardo però non l'ascoltò. Seguì Cagliostro attraverso tutta la piazza fino ad una fila di case. Poi i due scomparvero nel buio.

ÜBUNG 128 !

Übung 128: Fügen Sie die Wörter in Klammern in die passende Lücke ein!

(a) uno spicchio, b) un pezzo, c) una fetta, d) un filo, e) un mazzo, f) un sorso, g) una frazione, h) un grappolo, i) una fila)

1. ____________________ di limonata
2. ____________________ di ombrelloni
3. ____________________ di un secondo
4. ____________________ d'arancia
5. ____________________ di legno
6. ____________________ di perle
7. ____________________ di torta
8. ____________________ di fiori
9. ____________________ d'uva

Speriamo che non gli succeda niente, pensò Rosa e gli andò dietro di corsa.

Velocemente svoltò l'angolo della fila di case. Un vicolo buio si apriva davanti a lei. Per poco non andò a finire contro il dottor Lombardo che con le mani alzate stava in piedi sul bordo di un canale.

Davanti a lui c'era l'uomo mascherato, che gli puntava contro la sua antica pistola. Rise dietro la maschera.

Übung 129: Unterstreichen Sie im Text die Synonyme der Wörter in Klammern!
(1. Ho paura, 2. una fine, 3. delinquente, 4. aveva in mano le carte migliori, 5. pensare, 6. di vista, 7. cortesemente)

"Che bello ritrovarci ancora una volta tutti insieme. Temo però che questa volta il nostro incontro abbia un esito mortale."
Cagliostro puntò la pistola contro il commissario. "Le dispiacerebbe mettersi vicino al suo amico, cara signora? E alzi pure le mani."
"Farabutto!" ringhiò Rosa. Ma non le rimase altro che fare quanto le veniva detto. In quel momento l'uomo mascherato aveva il coltello dalla parte del manico.
"Che cos'è tutta questa commedia?" domandò Rosa.
Cagliostro sembrò riflettere brevemente. Poi si strinse nelle spalle. "E va bene. A questo punto posso pure raccontare tutta la storia. Tanto non potrete riferire più niente a nessuno."
Senza perdere d'occhio Lombardo e Rosa, il criminale si tolse la maschera dal viso. Era un uomo di bell'aspetto, di circa trentacinque anni.
Sorrise gentilmente al commissario e a Lombardo. "Permettete che mi presenti: sono il conte Cagliostro."

"Non ci crederà sul serio?" disse Lombardo.
L'uomo con la pistola rise.
"Mi creda pure, dottore: io sono il conte Cagliostro."
"Allora deve avere centinaia d'anni", ribatté il commissario. "Lei racconta solo sciocchezze!"
"Niente affatto, gentile signora. Su un punto, però, ha ragione: io non

sono così vecchio. A dire il vero, non sono nemmeno *quel* Cagliostro. Il Cagliostro passato alla storia era un mio antenato."
Lombardo scoppiò a ridere. "Beh, allora può essere orgoglioso di essere un discendente dell'imbroglione più grande del suo tempo."
"Niente affatto, mio caro. Il mio antenato ha, sì, imbrogliato persone ricche e creduloni, ma era anche un alchimista geniale. E ha veramente creato un siero per raggiungere l'immortalità. Solo che ha nascosto ricetta e ingredienti molto, molto bene. Mi ci sono voluti anni per ritrovarli. Ma finalmente ho raggiunto ciò che volevo!"

Übung 130: Beantworten Sie folgende Fragen zum Text!

1. Perché l'uomo mascherato decide di dire la verità?

2. Chi è l'uomo mascherato?

3. Che relazione c'è tra l'uomo mascherato e il Cagliostro del medioevo?

4. L'uomo mascherato è armato?

5. Quanto tempo ha impiegato l'uomo mascherato per ritrovare gli ingredienti?

Con aria orgogliosa Cagliostro junior portò la mano alla cinta e tirò fuori una bottiglietta piena di un liquido blu.
"È la bottiglietta del laboratorio", ansimò il commissario.
"Esatto!" rispose Cagliostro trionfante. "Purtroppo il mio laboratorio ho dovuto distruggerlo. Ma è servito allo scopo. E ora berrò il contenuto di questa bottiglietta – e diventerò immortale!"
"Mi dispiace, ma non posso permetterlo!" disse una voce nell'oscurità.
Nello stesso momento volò per aria un bastone dal pomo d'argento.
Il commissario Nicoletti e Lombardo spalancarono gli occhi.
Il bastone era decorato con un pomo d'argento che rappresentava la testa di un leone.
Con una precisione mostruosa, il pomo andò a colpire la mano di Cagliostro. Il giovane uomo gridò per il dolore e per la sorpresa. E lasciò la bottiglietta.
La bottiglietta volò in alto, oltre le teste di Rosa e di Lombardo. Poi cadde nell'acqua del canale.
"No!" gridò Cagliostro per la rabbia e la delusione. "Non è possibile!"
Furibondo si girò di scatto e puntò la pistola verso l'uomo che ora stava uscendo dall'ombra.
"Lei?" chiese Lombardo stupito.
Era il vecchio, quello che aveva affidato a Lombardo l'incarico.
"Proprio io, dottor Lombardo. Mi dispiace di aver creato tante difficoltà a Lei e al commissario. Ma dovevo impedire ad ogni costo che mio nipote si impadronisse del siero."
"Nipote?" chiese Rosa stupefatta. "Ho sentito bene?"
Il vecchio annuì con aria bonaria. "Ha sentito bene, gentile signora."

ÜBUNG 131 !

Übung 131: Sind folgende Aussagen zum Text richtig ✓ falsch –?

1. Cagliostro junior teneva la bottiglietta nascosta in tasca. ☐
2. Il bastone da passeggio colpisce il braccio di Cagliostro. ☐
3. Cagliostro lancia la bottiglietta contro il vecchio, ma la bottiglietta finisce a terra. ☐
4. Il vecchio è il nonno dell'uomo mascherato. ☐
5. Rosa aveva intuito già da tempo la verità. ☐
6. Il vecchio vuole evitare che Cagliostro junior beva il siero. ☐
7. Lombardo non riconosce il vecchio. ☐

Poi si inchinò.
"Posso presentarmi: conte Cagliostro. L'originale, per così dire."
Lombardo non ci capiva più niente.
"M-ma allora Lei deve essere incredibilmente vecchio!"
"Lo sono, in effetti, mio caro dottore. Ai miei tempi sono riuscito veramente a creare un siero dell'immortalità. Ma ho dovuto constatare che l'immortalità è più una maledizione che una benedizione. Per questo ho nascosto formula e ingredienti per tutta Venezia. Volevo impedire che i miei discendenti facessero lo stesso errore che ho commesso io. Si diventa l'uomo più solo del mondo quando si è immortale e si sopravvive a tutti gli amici. Tutte le volte." Il vecchio guardò tristemente a terra.
"Ma perché allora mi ha incaricato di trovare gli ingredienti?" chiese Lombardo.
"È semplice: volevo che prevenisse mio nipote. Non potevo permettere che la formula finisse nelle sue mani. Portandolo alla rovina."

Übung 132: Ergänzen Sie die Sätze mit dem passenden Verb in der richtigen Form!
(impedire, fissare, prevenire, constatare, commettere, sopravvivere, partecipare)

1. In gioventù ho ________ parecchi errori.
2. Il ragazzo si mise a ________ tristemente l'orizzonte.
3. La petroliera ha perso diverse tonnellate di petrolio; temo che molti pesci non riusciranno a ________.
4. Volevo andare in aiuto del mio amico, ma tu mi hai ________.
5. Luca è un ciclista famoso: ha ________ a molte gare.
6. In parlamento l'opposizione non è riuscita ad ________ che la legge ottenesse la maggioranza dei voti.
7. I soldi sono stati versati sul conto. L'ho ________ di persona.

Il giovane Cagliostro continuava a fissare costernato il suo antenato. "Che cosa hai fatto?" chiese infine. "L'immortalità! Avrei potuto vivere in eterno. Ma forse non è ancora troppo tardi!" aggiunse poi. Prima che qualcuno potesse reagire, il giovane Cagliostro corse via. "No!" gridò Rosa. "Non lo faccia!"
Troppo tardi. Il giovane Cagliostro spinse da parte Rosa e Lombardo. Poi si tuffò a testa in giù nel canale. Là dove era affondata la bottiglietta col siero.
Il dottor Lombardo, il commissario Nicoletti e il vecchio si avvicinarono impotenti alla riva. Soltanto un paio di bollicine salivano in superficie.
"Crede che sia annegato?"

Il vecchio scosse la testa. "Non penso", rispose con un sottile sorriso. "Per noi Cagliostro riesce sempre a beffare in qualche modo la morte."
Poi il vecchio si girò e scomparve di nuovo nell'ombra.

Übung 133: Finden Sie das „schwarze Schaf" unter den Synonymen!

1. a) eterno, b) duraturo, c) immortale
2. a) impotente, b) incapace, c) svogliato
3. a) innocente, b) costernato, c) dispiaciuto
4. a) nemico, b) delinquente, c) farabutto
5. a) depresso, b) stanco, c) avvilito
6. a) beffare, b) prendersi gioco, c) festeggiare
7. a) arrabbiatissimo, b) violento, c) furibondo

"Grazie ancora una volta per i servizi resi", disse dal buio. "Nei prossimi giorni troverà una somma notevole sul suo conto. Addio, dottor Lombardo. Addio anche a Lei, commissario Nicoletti."
Poi sparì.
Rosa e Lombardo rimasero a lungo a fissare l'oscurità. Già adesso quello che era successo sembrava loro un sogno.

Übung 134: Markieren Sie die Wörter, die nicht mit Venedig assoziiert werden können!

- ☐ 1. carnevale
- ☐ 2. topi
- ☐ 3. innamorati
- ☐ 4. tram
- ☐ 5. vaporetto
- ☐ 6. arte
- ☐ 7. alghe
- ☐ 8. turismo
- ☐ 9. ponte
- ☐ 10. dogi
- ☐ 11. avventura
- ☐ 12. maschere
- ☐ 13. autostrada
- ☐ 14. marcio
- ☐ 15. vicolo

Infine risuonò da qualche parte un'allegra musichetta di carnevale. Lombardo si fece coraggio e mise un braccio intorno alla spalla di Rosa.

"Pensa che troviamo ancora un vino rosso decente da qualche parte?"

Il commissario sorrise.

"Proviamoci."

FINE

Abschlusstest

Übung 1: Finden Sie die Gegenteilpaare!

1. generoso	☐	a) agitato
2. allegro	☐	b) attento
3. scuro	☐	c) esitante
4. gentile	☐	d) avaro
5. distratto	☐	e) esterno
6. interno	☐	f) chiaro
7. teso	☐	g) posteriore
8. calmo	☐	h) sgarbato
9. anteriore	☐	i) triste
10. deciso	☐	l) rilassato

Übung 2: Welcher Ort ist gemeint? Vervollständigen Sie die Sätze!

1. Mio marito è medico. Lavora nell'o _ _ _ _ _ _ _ qui vicino.
2. Stasera al c _ _ _ _ _ Rex danno un bel film giallo.
3. Lisa arriva all'a _ _ _ _ _ _ _ _ _ col volo delle dieci da Londra.
4. Nel mio u _ _ _ _ _ _ _ ci sono dei computer modernissimi.
5. In questo m _ _ _ _ _ sono esposte opere importanti del Tiziano.
6. Al c _ _ _ _ _ _ _ _ _ di San Giorgio ci sono le tombe di molti artisti famosi.
7. Il rapinatore è finito in p _ _ _ _ _ _ _.
8. Se vuoi prendere un libro in prestito, vai in b _ _ _ _ _ _ _ _ _ _.

Übung 3: Finden Sie das „schwarze Schaf" unter den Synonymen!

1. a) stupito, b) meravigliato, c) impaurito
2. a) orgoglioso, b) furente, c) arrabbiatissimo
3. a) folla, b) turisti, c) gente
4. a) casa, b) soffitto, c) edificio
5. a) pazzo, b) perplesso, c) matto
6. a) denaro, b) soldi, c) mancia
7. a) gradino, b) panino, c) scalino
8. a) depresso, b) stanco, c) esausto
9. a) tranquillo, b) deluso, c) calmo

Übung 4: Übersetzen Sie folgende Sätze!

1. Ich kann nicht mehr!

2. Ich meine es ernst!

3. Die Arbeit war ein Kinderspiel.

4. Hast du was dagegen?

5. Mein Sohn zittert vor Kälte.

6. Ich habe keine Ahnung, wo der Schlüssel sein könnte.

7. Ich habe keine Absicht, ihn zu treffen.

Übung 5: Unterstreichen Sie die richtige Alternative!

1. L'impiegato mi ha detto di compilare/scrivere il modulo verde.
2. Vorrei accordare/fissare un appuntamento col dottor Rossi.
3. Prima di salire in autobus bisogna timbrare/attaccare il biglietto.
4. Non dimenticare di spegnere/abbassare la luce prima di andare a letto.
5. Il ladro è sparito/abbandonato senza lasciare tracce.
6. La mia vicina di casa brontola/sospira se ascolto la musica ad alto volume.

Übung 6: Entscheiden Sie, ob folgende Ausdrücke richtig ✓ falsch – sind!

1. un raggio di luce ☐
2. una fila di case ☐
3. un granello di polvere ☐
4. una pila di sassi ☐
5. una fetta di legno ☐
6. un pezzo di formaggio ☐
7. un gruppo di mobili ☐

Übung 7: Ergänzen Sie die Übersetzung der deutschen Verben mit den Substantiven in Klammern!
(attenzione, coraggio, fiasco, fretta, impressione, paura, tardi)

1. beachten = fare attenzione
2. beängstigen = fare ____________
3. hetzen = fare ____________
4. sich verspäten = fare ____________
5. aufmuntern = fare ____________
6. scheitern = fare ____________
7. beeindrucken = fare ____________

Übung 8: Welche Wörter gehören inhaltlich zusammen?

1. serratura	☐	a) carnevale
2. medicina	☐	b) portafoglio
3. maschera	☐	c) tassista
4. remo	☐	d) chiave
5. caccia	☐	e) cucina
6. mancia	☐	f) farmacia
7. banconota	☐	g) gondola
8. pentole	☐	h) fucile

Übung 9: Welches Kleidungsstück ist gemeint? Vervollständigen Sie die Sätze!

1. Se ho freddo alle mani, mi metto i ____________.
2. Quando piove si indossa l'____________.
3. L'uomo mascherato indossava un ____________ rosso.

4. Per evitare un colpo di sole porto sempre in testa un ___________.
5. Franco alzò il bavero del ___________ per ripararsi dal vento.
6. I blue jeans sono dei ___________ sportivi.
7. Se vai in spiaggia, non dimenticare il ___________ da bagno e gli ___________ da sole.

Übung 10: Unterstreichen Sie die falschen Synonyme!

1. a) sussurrare, b) mormorare, c) chiacchierare
2. a) urlare, b) parlare, c) gridare
3. a) tenere, b) iniziare, c) cominciare
4. a) capire, b) imparare, c) comprendere
5. a) avere paura, b) inghiottire, c) temere
6. a) spalancare, b) aprire, c) cigolare
7. a) sentire, b) risuonare, c) udire

Übung 11: Welche Übersetzung stimmt?

1. In bocca al lupo!
   - ☐ a) Viel Glück!
   - ☐ b) Donnerwetter!
2. Carlo ha i nervi.
   - ☐ a) Carlo hat gute Nerven.
   - ☐ b) Carlo ist verärgert.
3. Lisa ha fatto un buco nell'acqua.
   - ☐ a) Lisa war erfolglos.
   - ☐ b) Lisa ist ins Wasser gesprungen.

Lösungen

Übung 1: 1.c 2.d 3.g 4.b 5.a 6.h 7.f 8.e
Übung 2: 1.d 2.f 3.h 4.b 5.c 6.g 7.a 8.e
Übung 3: 1. 8:10 2. 14:58 3. 12:00 4. 14:45 5. 17:30 6. 18:45 7. 9:00
Übung 4: 1.c 2.b 3.b 4.b 5.a 6.c 7.c 8.b
Übung 5: 1.b 2.a 3.a 4.a 5.c
Übung 6: 1. Davanti 2. riflessi 3. trattava 4. leggere 5. sapeva 6. secolo 7. prigione
Übung 7: 1.b 2.h 3.g 4.e 5.f 6.d 7.a 8.c
Übung 8: 1. Purtroppo non ho letto il giallo. 2. Mi sento a disagio qui. 3. Niente affatto! Io non ho rubato i gioielli! 4. Non aveva intenzione di lasciare il museo. 5. Il direttore del museo era orgoglioso del suo guardiano notturno. 6. La polizia continua a cercare l'assassino. 7. Lo scorso anno non sono stato al cinema nemmeno una volta.
Übung 9: 1.b 2.e 3.f 4.d 5.a 6.c 7.g
Übung 10: 1. Da anni trascorreva le vacanze estive al mare. 2. Preferibilmente a Rimini. 3. Le mele del fruttivendolo all'angolo non erano buone. 4. Decise di comprare dei mobili nuovi. 5. Il giornalista telefonò alla sorella.
Übung 11: 1. gondola 2. aeroplano 3. treno 4. moto 5. elicottero 6. bicicletta
Übung 12: 1. anticha (antica) 2. riccoperta (ricoperta) 3. ciamata (chiamata) 4. faccata (facciata) 5. matino (mattino) 6. arcitettura (architettura) 7. faticha (fatica) 8. polizziotto (2x, poliziotto) 9. Quì (Qui)
Übung 13: 1.c 2.c 3.c 4.b 5.a 6.b 7.c
Übung 14: 1.r 2.f 3.r 4.f 5.f 6.r 7.r
Übung 15: 1. gatto 2. cavallo 3. leone 4. cane 5. giraffa 6. formica 7. elefante Lösungswort: allarme
Übung 16: 1. agitato 2. riconosciuto 3. una calza 4. capo 5. pensò 6. iniziato 7. appunto 8. insolito
Übung 17: 1.a 2.a 3.a 4.b 5.b 6.b
Übung 18: 1. Un paio di giorni. 2. Nel pavimento di legno. 3. C'è la pallottola. 4. Hanno una forma allungata. 5. La mette in tasca.
Übung 19: 1.b 2.d 3.g 4.e 5.a 6.c 7.h 8.f 9.i
Übung 20: 1.c 2.f 3.g 4.a 5.e 6.h 7.d 8.b
Übung 21: 1.c 2.b 3.c 4.a 5.b 6.a 7.c
Übung 22: 1. asciugacapelli 2. condizionatore d'aria 3. aspirapolvere 4. lavastoviglie 5. televisore 6. congelatore 7. videoregistratore
Übung 23: 1. in 2. alle 3. del 4. con 5. con 6. nella 7. ad 8. al
Übung 24: 1. domande 2. sedia 3. caffettiera 4. versò 5. testa 6. sorridere 7. affare 8. industria 9. serratura
Übung 25: 1. latte 2. tè 3. spumante 4. vino 5. acqua 6. succo d'arancia
Übung 26: 1. Non vedeva l'ora di mangiare un panino 2. Mi piace suonare il pianoforte. 3. La padrona di casa suonò alla porta. 4. Se solo avessi tempo di andare al cinema, pensò. 5. Andò nell'ingresso e si tolse il cappotto.

Übung 27: 1. chiacchiere 2. moderni 3. vista 4. vecchio 5. risultati 6. esempio 7. ridere
Übung 28: 1.a 2.b 3.c 4.b 5.c 6.b 7.b 8.a
Übung 29: 1. sale 2. pepe 3. salvia 4. aglio 5. funghi 6. prezzemolo 7. tonno 8. aceto 9. olio Lösungswort: spaghetti
Übung 30: 1.a 2.b 3.b 4.b 5.a 6.b 7.a
Übung 31: 1.d 2.e 3.g 4.b 5.c 6.f 7.a
Übung 32: 1.d 2.e 3.f 4.b 5.c 6.a
Übung 33: 1.g 2.a 3.c 4.f 5.b 6.d 7.e
Übung 34: 1.g 2.h 3.f 4.i 5.b 6.e 7.c 8.a 9.d 10.l
Übung 35: 1. stanchezza 2. aria 3. passo 4. spaventata 5. bordo 6. una profondità 7. distratta
Übung 36: 1.g 2.c 3.e 4.a 5.d 6.f 7.b
Übung 37: 1.c 2.a 3.g 4.h 5.b 6.e 7.f 8.d
Übung 38: 1. Posso presentarti la mia amica Silvia? 2. Quando mi fai conoscere i tuoi genitori? 3. Diamoci del tu! 4. "Come stai?" "Così così, grazie". 5. Salutami tanto tua moglie! 6. Non si disturbi! 7. Sei molto gentile.
Übung 39: 1. Erano soldi veri, il vecchio non era stato un sogno. 2. Il dottor Lombardo si spaventò quando suonarono alla porta. 3. O i suoi eredi che chiedevano la restituzione del denaro. 4. Si trovò davanti una donna attraente. 5. Lombardo ebbe bisogno di un paio di secondi prima di riconoscerla.
Übung 40: 1. insicuro 2. incoraggiante 3. imbarazzato 4. curiosa
Übung 41: 1.b 2.c 3.c 4.b 5.a 6.c
Übung 42: 1. accadeva 2. attraente 3. mostrando 4. scettica 5. inzuppata 6. eccellente 7. attese
Übung 43: 1. fornaio 2. insegnante 3. bagnino 4. avvocato 5. pilota 6. cameriere 7. medico 8. autista 9. commesso 10. segretario 11. farmacista
Übung 44: 1.a 2.a 3.b 4.b 5.b
Übung 45: 1.a 2.g 3.c 4.d 5.f 6.b 7.e
Übung 46: 1. piedi 2. braccio 3. schiena 4. tallone 5. orecchio 6. collo 7. bocca Lösungswort: pistola
Übung 47: 1. contrario 2. esca 3. protezione 4. mente 5. una possibilità 6. scappò 7. pensare
Übung 48: 1.g 2.d 3.b 4.a 5.f 6.e 7.c
Übung 49: 1.f 2.c 3.a 4.b 5.e 6.d 7.g
Übung 50: 1.r 2.f 3.r 4.f 5.r 6.r 7.r 8.r
Übung 51: 1.f 2.d 3.b 4.e 5.a 6.c 7.g
Übung 52: 1. si strinse nelle spalle 2. scientifico 3. si guardò intorno 4. nella libreria all'angolo 5. migliaia, centinaia di migliaia
Übung 53: 2. 3. 5. 6. 8.
Übung 54: 1.b 2.g 3.a 4.f 5.c 6.d 7.e
Übung 55: 1.c 2.a 3.b 4.c 5.b 6.b 7.a
Übung 56: 1.d 2.a 3.b 4.e 5.c
Übung 57: 1. firma 2. indirizzo 3. francobollo 4. calligrafia 5. mittente

Übung 58: 1. bar 2. cinema 3. piscina 4. stadio 5. stazione 6. farmacia 7. pronto soccorso 8. fermata 9. discoteca
Übung 59: 1. Parola per parola 2. evitare 3. deciso 4. investigatore 5. mestieri 6. enigma 7. soluzione
Übung 60: 1. – 2. di persona 3. con affetto 4. all'improvviso 5. in silenzio 6. d'istinto 7. in genere 8. con attenzione
Übung 61: 1.f 2.g 3.b 4.a 5.c 6.h 7.i 8.d 9.e
Übung 62: 1. furtivamente 2. pallida 3. risplendeva 4. affascinante 5. impacciato 6. approfondire 7. attraccò 8. grida 9. molo
Übung 63: 1. Una donna in un sontuoso costume bianco e nero offrì a Lombardo una bottiglia di prosecco. 2. Ne vuole un sorso? 3. Vuol dire che ha già bevuto! 4. Con queste parole tornò a rivolgersi al suo gruppo.
Übung 64: 1.r 2.f 3.f 4.f 5.f
Übung 65: 1. "Mi scusi, per favore! Non conosco affatto Venezia. Dove posso prendere il vaporetto per San Polo?" 2. "Vede quel molo laggiù? Là può prendere la linea C. Faccia attenzione, però, e non salga nel vaporetto D. Quello va direttamente a San Giorgio!" 3. "Devo timbrare il biglietto a bordo?" 4. "No, sul molo, prima che attracchi il vaporetto. Buon viaggio!"
Übung 66: 1. – 2. piazzetta 3. stradina 4. casetta 5. abitino 6. bicchierino 7. armadietto 8. porticina 9. valigetta
Übung 67: 1. successe 2. esitante 3. assistente 4. delitto 5. traccia 6. caso 7. edificio
Übung 68: 1. guance 2. ginocchio 3. polmoni 4. labbra 5. cuore 6. cervello
Übung 69: 1.c 2.g 3.i 4.f 5.h 6.e 7.b 8.d 9.l 10.a
Übung 70: 1.r 2.r 3.f 4.r 5.r 6.f 7.r 8.r
Übung 71: 1. Vorrei un litro d'acqua e un chilo di pane! 2. La cornice misura 12 centimetri per 10. 3. Ho comprato mezzo chilo di formaggio. 4. Il distributore più vicino è a cinque chilometri di distanza. 5. La siepe è alta un metro e mezzo. 6. Per il dolce mi servono 50 grammi di uvetta. 7. Il parco ha una superficie di dodici chilometri quadrati.
Übung 72: 1. portacenere 2. salvagente 3. guardaroba 4. attaccapanni 5. sottopassaggio 6. portaombrelli 7. cassaforte 8. videocassetta 9. madrelingua
Übung 73: 1.c 2.b 3.a 4.b 5.c 6.a
Übung 74: 1.b 2.d 3.f 4.e 5.a 6.g 7.c
Übung 75: 1. Il meccanico 2. all'officina 3. dal sarto 4. Il muratore 5. il carro attrezzi 6. dal calzolaio 7. un pezzo di ricambio
Übung 76: 1. È ora di partire. 2. Ci vediamo domani alla stessa ora. 3. Non vedo l'ora di venirti a trovare. 4. È ora (passata) che se ne vada. 5. Cerco sempre di evitare l'ora di punta. 6. Marco guadagna 30 € l'ora 7. Marisa lavora a ore.
Übung 77: 1. portofogli (portafoglio) 2. euri (euro) 3. strinze (strinse) 4. prezi (prezzi) 5. un offerta (un'offerta) 6. euri (euro)
Übung 78: 1.f 2.r 3.r 4.f 5.f 6.f
Übung 79: 1.a 2.f 3.e 4.g 5.d 6.b 7.c
Übung 80: 1.d 2.e 3.a 4.f 5.g 6.b 7.c

Übung 81: 1. Dov'è la cabina telefonica più vicina? 2. Il numero è occupato. 3. Ha una carta telefonica da 15 euro? 4. Mi dispiace, ha sbagliato numero.
Übung 82: 1.a 2.c 3.d 4.b 5.e
Übung 83: 1. Sapeva quello che stava facendo il gondoliere. 2. Una mosca si mise a ronzare. 3. Le veniva da urlare. 4. Eppure non stava piovendo.
Übung 84: 1.b 2.a 3.b
Übung 85: 1.c 2.f 3.h 4.a 5.d 6.b 7.g 8.e
Übung 86: 1. le mance 2. c'entra 3. tradizione 4. dei biglietti 5. Secoli 6. desideri 7. speranza 8. chiamato 9. senso 10. palmo
Übung 87: 1.a 2.e 3.f 4.h 5.c 6.b 7.g 8.d
Übung 88: 1.f 2.f 3.f 4.f 5.r 6.f 7.f
Übung 89: 1. lupo 2. buona 3. acqua 4. asciutta 5. aperta
Übung 90: 1.d 2.e 3.b 4.a 5.g 6.c 7.f
Übung 91: 1.c 2.a 3.c 4.b 5.b 6.c 7.a 8.a
Übung 92: 1. licenza 2. rigide 3. passare 4. sotto di lei 5. profonda 6. staccò 7. cinturino 8. illuminare
Übung 93: 1.b 2.f 3.d 4.e 5.g 6.a 7.h 8.c
Übung 94: 1. Perché ha la pila tra i denti. 2. Muove la testa. 3. Con la mano sinistra. 4. Sì. 5. Il sacchetto è marrone. 6. No, Lombardo è sconvolto.
Übung 95: 1.f 2.d 3.e 4.g 5.a 6.b 7.c 8.h
Übung 96: 2. 5. 6.
Übung 97: 1. sicuramente 2. impertinente 3. stupita 4. ripescata 5. furente 6. delinquente 7. sogghignò 8. la sua premura 9. imbarcazione
Übung 98: 1.c 2.a 3.f 4.b 5.g 6.h 7.d 8.e
Übung 99: 1.l 2.b 3.f 4.a 5.i 6.e 7.d 8.g 9.c 10.h
Übung 100: 1. vero 2. remo 3. mancia 4. fucile 5. palazzo 6. elica 7. ali Lösungswort: Venezia
Übung 101: 1. È vuoto da quando lo conosco 2. Quel pazzo sembra vivere nel passato 3. legato ad un piccolo molo c'era il motoscafo del delinquente 4. Spero non abbia intenzione di entrare 5. Ora che sappiamo dove è nascosto, l'uomo mascherato non ci sfuggirà
Übung 102: 1. simpatica 2. noiosi 3. cadente 4. magre 5. interessante 6. arrossati 7. antichissimo
Übung 103: 1. 2. 3. 4. 6. 10. 11. 12
Übung 104: 1.a 2.b 3.a
Übung 105: 1.d 2.f 3.a 4.h 5.b 6.c 7.e 8.g
Übung 106: 1.c 2.b 3.a 4.c 5.c 6.b
Übung 107: 1. sicura 2. pazzo 3. delitti 4. pianificati 5. una pacca 6. metterLa in ansia 7. vicoletto 8. principali
Übung 108: 1.f 2.f 3.f 4.r 5.f 6.f 7.f
Übung 109: 1. fondo 2. esplorò 3. di 4. figura 5. l'impressione 6. loro 7. sollievo 8. armadio 9. una coperta bianca

Übung 110: 1. cimitero 2. ragione 3. tomba 4. abbandonato 5. traccia 6. mormorò 7. diversamente 8. pavimento 9. sguardo 10. marmo 11. La polvere

Übung 111: 1. scivolare 2. dita 3. segreta 4. parole 5. decifrarle 6. latino 7. traduzione 8. osservarono 9. lastra

Übung 112: 1.c 2.d 3.a 4.e 5.b

Übung 113: 1.c 2.h 3.a 4.f 5.d 6.b 7.g 8.e

Übung 114: 1. soffitto 2. muffa 3. gradini 4. fiaccole

Übung 115: 1.d 2.f 3.g 4.h 5.c 6.b 7.a 8.e

Übung 116: 1.b 2.b 3.a 4.c 5.b

Übung 117: 1. ridere 2. sul serio 3. Alzi 4. A fatica 5. bene 6. notturno 7. rapidamente 8. stupida 9. denso

Übung 118: 1. lacrimavano 2. terribile 3. scomparve 4. tossì 5. meccanismi 6. Pezzi di pietra 7. pressione 8. corrente

Übung 119: 1.b 2.e 3.f 4.a 5.d 6.c

Übung 120: 1. È vietato calpestare il prato. 2. L'acqua ha inondato i campi. 3. Dobbiamo sbrigarci se non vogliamo perdere l'autobus.

Übung 121: 1.b 2.d 3.g 4.a 5.f 6.e 7.c

Übung 122: 1. mettere in gioco 2. giocare a carte scoperte 3. giocare a calcio 4. il gioco d'azzardo 5. giocano a nascondino

Übung 123: 1. ramo 2. scivolosi 3. alle loro spalle 4. vita 5. al pianterreno 6. simile 7. i polmoni 8. in piedi 9. una massa

Übung 124: 1.c 2.b 3.a 4.c 5.c 6.b 7.a

Übung 125: 1. istinto 2. riusciti 3. angolo 4. mantello 5. vento 6. rumore 7. distanza

Übung 126: 1. folla 2. l'occasione 3. Darsi per vinti 4. coraggio 5. dozzine 6. abiti medievali 7. dal fuggitivo

Übung 127: 1.g 2.h 3.f 4.b 5.d 6.c 7.e 8.a

Übung 128: 1.f 2.i 3.g 4.a 5.b 6.d 7.c 8.e 9.h

Übung 129: 1. Temo 2. un esito 3. Farabutto 4. aveva il coltello dalla parte del manico 5. riflettere 6. d'occhio 7. gentilmente

Übung 130: 1. Perché tanto Nicoletti e Lombardo non possono più riferire niente a nessuno. 2. È il conte Cagliostro. 3. Il Cagliostro medievale è un antenato dell'uomo mascherato. 4. Sì, ha una pistola. 5. Ci ha impiegato anni.

Übung 131: 1.f 2.f 3.f 4.r 5.f 6.r 7.f

Übung 132: 1. commesso 2. fissare 3. sopravvivere 4. prevenuto 5. partecipato 6. impedire 7. constatato

Übung 133: 1.b 2.c 3.a 4.a 5.b 6.c 7.b

Übung 134: 4. 13.

Lösungen Abschlusstest

Übung 1: 1.d 2.i 3.f 4.h 5.b 6.e 7.l 8.a 9.g 10.c
Übung 2: 1. ospedale 2. cinema 3. aeroporto 4. ufficio 5. museo 6. cimitero 7. prigione 8. biblioteca
Übung 3: 1.c 2.a 3.b 4.b 5.b 6.c 7.b 8.a 9.b
Übung 4: 1. Non ce la faccio più! 2. Faccio sul serio! 3. Il lavoro è stato un gioco da ragazzi. 4. Hai qualcosa in contrario? 5. Mio figlio trema di freddo. 6. Non ho la minima idea di dove possa essere la chiave. 7. Non ho intenzione di incontrarlo.
Übung 5: 1. compilare 2. fissare 3. timbrare 4. spegnere 5. sparito 6. brontola
Übung 6: 1.r 2.r 3.r 4.f 5.f 6.r 7.f
Übung 7: 2. paura 3. fretta 4. tardi 5. coraggio 6. fiasco 7. impressione
Übung 8: 1.d 2.f 3.a 4.g 5.h 6.c 7.b 8.e
Übung 9: 1. guanti 2. impermeabile 3. mantello 4. cappello 5. cappotto 6. pantaloni 7. costume, occhiali
Übung 10: 1.c 2.b 3.a 4.b 5.b 6.c 7.b
Übung 11: 1.a 2.b 3.a